beck ^Ische **reihe**

W0174224

b^{sr}

Im Jahr 2011 erinnerten sich Europa und die Welt daran, dass 20 Jahre zuvor, im Dezember 1991, Gorbatschow das Ende der Sowjetunion verkündet hatte. Dieses einschneidende Ereignis der Weltgeschichte ist Anlass für den Schriftsteller György Dalos, Glanz und Untergang dieses historischen Experiments näher zu beleuchten. Nur 16 Jahre nach dem Höhepunkt der sowjetischen Machtausdehnung 1975, als fast die Hälfte der Weltbevölkerung in ihrem Einflussbereich lebte, kam das unspektakuläre Ende. Welche Kräfte dazu beitrugen oder welche Episoden am Rande die Risse offenbar werden ließen – in einer außergewöhnlichen chronologischen Erzählung wird der Sowjetunion und ihrer Satelliten noch einmal gedacht.

György Dalos, 1943 in Budapest geboren, lebt heute als freier Schriftsteller in Berlin. Er wurde mit zahlreichen Preisen ausgezeichnet, darunter 1995 der «Adelbert-von-Chamisso-Preis», 2000 die «Goldene Plakette der Republik Ungarn» und 2010 der «Leipziger Buchpreis zur Europäischen Verständigung». Zuletzt erschien von ihm bei C. H. Beck: «Gorbatschow. Mensch und Macht. Eine Biografie» (2011).

Das Buch ist Teil des multimedialen Projekts «Lebt wohl, Genossen!», das von der gebrueder beetz filmproduction (Berlin) und Artline Films (Paris) in Zusammenarbeit mit ARTE das Ende der Sowjetunion für ein großes internationales Publikum erzählt. Neben dem Buch umfasst das Projekt eine TV-Serie und ein interaktives Webformat. Das Projekt ist in Kooperation mit 16 internationalen Sendeanstalten und einem Netzwerk von 30 nationalen und internationalen Partnern entstanden.

www.farewellcomrades.com
www.gebrueder-beetz.de
www.artlinefilms.com
www.beck.de

György Dalos

Lebt wohl, Genossen!

Der Untergang des sowjetischen Imperiums

Herausgegeben von
Christian Beetz und
Olivier Mille

Verlag C.H. Beck

Mit 65 Abbildungen

Deutsche Bearbeitung von Elsbeth Zylla

Originalausgabe

© Verlag C.H.Beck oHG, München 2011
Umschlaggestaltung: Konstanze Berner
Umschlagcomposing: Madlen Eckardt, München
Umschlagabbildung: Lebt wohl, Genossen –
Projektlogo © gebrueder beetz filmproduction
Gesetzt im Verlag aus der Adobe Garamond Pro
Druck und Bindung: Druckerei C.H.Beck, Nördlingen
Printed in Germany
ISBN 978 3 406 62178 9

www.beck.de

INHALT

I.
KOSMISCHE ERFOLGE, IRDISCHE SORGEN
(1975–1980)

War das edle Römerreich auch schon fast zerfallen,
so bewahrt' es doch den Schein – Ordnung sei in allem!
Caesar stand an seinem Platz, Mitstreiter daneben,
und das Leben war so schön – laut Berichten eben.

Bulat Okudshawa, Barde, 1979

Am 15. Juli 1975 startete das Raumschiff Sojus mit den Kosmonauten Alexej Leonow und Walerij Kubassow vom Kosmodrom Baikonur. Fast gleichzeitig machte sich die amerikanische Apollo-Raumfähre mit Tom Stafford, Vance Brand und Deke Slayton auf den Weg ins All, wo es wenige Stunden später zum historischen Andockmanöver und zum Handschlag zwischen sowjetischen Kosmonauten und amerikanischen Astronauten kam. Aus Anlass dieser Begegnung führte Philip Morris für sowjetische Verbraucher eine neue, edle Filterzigarette namens «Sojus-Apollo» ein.

Als die sowjetischen Kosmonauten aus schwindelerregenden Höhen auf die damalige Erdkugel hinunterschauten, erblickten sie einen Planeten, auf dem der Weltkommunismus seine höchste Ausdehnung erreicht hatte. Er verfügte über zahlreiche Ableger und Einflusssphären in Asien, Afrika und Lateinamerika, während die USA ihre größte Nachkriegsniederlage in Vietnam erlitten hatten und zunehmend mit innenpolitischen Schwierigkeiten kämpften – so zum Beispiel dem Watergate-Skandal, der zum Sturz des Präsidenten Richard Nixon führte. Der größte Erfolg der Sowjetunion bestand jedoch in der Stabilisierung ihrer europäischen Position. Insbesondere die Regelung der «deutschen Frage» machte den Weg zur KSZE-Konferenz von Helsinki im August 1975 frei. Die in der Schlussakte der Konferenz von 35 Staaten bestätigte Nachkriegsordnung brachte zwar keine vollständige Entspannung, aber zumindest eine wackelige «Waffenpause» im Kalten Krieg – besser gesagt eine Rauchpause, ein Zu-

*Entspannung im Weltall – sowjetische und amerikanische Astronauten
1975 mit dem Modell der Sojus-Apollo*

rücklehnen mit der Zigarette «Sojus-Apollo» im Mund. Für die Sowjets
bedeutete Helsinki vor allem die Legitimierung des Einflusses über ihre
Satelliten.

Auch innenpolitisch hatte die Kommunistische Partei mit ihrem Parteichef Leonid Breschnew Mitte der Siebzigerjahre den Zenit ihrer Macht
erreicht. Breschnew hatte 1975 bereits die elf Jahre dauernde Amtszeit seines Vorgängers Nikita Chruschtschow überrundet, und man begann mit
der Kanonisierung seiner «Ära». 1976 wurde er zum Marschall, ein Jahr
später zum Staatschef ernannt, und zu seinem 70. Geburtstag veranstalte-
te man eine große Feier. 1978 wurden seine drei «Werke» veröffentlicht,
allesamt von Journalisten zu Memoiren aufgebauschte Interviews, für die
er 1979 sogar mit dem literarischen Leninpreis ausgezeichnet wurde. Dieser bescheidene Personenkult – die Menschen sprachen von «Kultchen»
– schien ihm zu schmeicheln.

Ihren Ausdruck fand diese «goldene Ära» in einem populären Schlager,

Ein Souvenir: das Sojus-Apollo-Emblem

der das gewachsene Selbstbewusstsein des Homo sowjeticus demonstrieren sollte: «Meine Anschrift hat kein Haus und keine Straße. / Meine Anschrift heißt Sowjetunion». Entsprechend der kommunistischen Tradition sollte auch die Ära Breschnew durch grandiose Bauten verewigt werden. Eines der wichtigsten Projekte war die Baikal-Amur-Magistrale (BAM), eine modernisierte Version der Transsibirischen Eisenbahn. Dafür wurden neben normalen Arbeitskräften massenhaft Jugendbrigaden mobilisiert.

Von seinen Nachfolgern wurde Breschnews Herrschaft wegen der Stagnation kritisiert, die auf Russisch «sastoj» heißt. Allerdings mutierte dieser verächtliche Ausdruck angesichts der enormen Schwierigkeiten der Neunzigerjahre im Volksmund zu «sastolje», was «gedeckter Tisch» bedeutet. Die Lebensqualität, die sich in Essen und Trinken manifestierte, wurde 1976 durch die bereits sechste Ausgabe des Standardwerks «Buch über schmackhafte und gesunde Nahrung» propagiert, eine Rezeptsammlung in Millionenauflage. Vor allem in Großstädten wie Moskau und Leningrad versuchte man die alte Restaurantkultur zu beleben. Gleichzeitig begann man mit Hotelneubauten, darunter das Großhotel Rossija und die Intourist-Kette, und öffnete sich dem Tourismus – inklusive dem Gruppentourismus nach Moskau, Leningrad, der Krim, dem Kaukasus und nach Usbekistan. Parallel dazu wurde das Devisenladennetz «Berjoska» ausgebaut, und nach 1975 konnte man an einigen ausgewählten Orten führende Westzeitungen erwerben. Neugierige Bürger mit entsprechenden Sprachkenntnissen kauften in der Halle des Hotels Inturist ältere Nummern der *New York Times* oder der *Neuen Zürcher Zeitung* für je 60 Kopeken und verpackten sie vorsichtshalber in die großformatige «Prawda» oder die «Iswestija», die einen Verkaufspreis von vier Kopeken hatten.

Insgesamt blieben die Preise für die notwendigsten Produkte in den Siebziger- und Achtzigerjahren unverändert. Bei einem Existenzminimum von 40–50 Rubeln, das gleichzeitig der Durchschnittsrente entsprach, konnte man sich wenig leisten: Ein Kilo Brot kostete 30 Kopeken, 100 Gramm Wurst 2,60 Rubel, die billigste Kinokarte 25 Kopeken, eine Fahrkarte für die Straßenbahn 3, für die Metro 5 Kopeken, die preiswerteste Wodkasorte 3 Rubel, der etwas feinere «Stolichnaja» 4 Rubel, der seltener erhältliche armenische Cognac 5 Rubel und der exotisch wirkende kubanische Rum sogar 8 Rubel. Für eine von der Zensur zähneknirschend zugelassene Beatles-LP als bulgarische Lizenzpressung verlangte man im staatlichen Musikladen 4 Rubel. Allerdings war der Erwerb dieser LP auf normalem Wege mangels Masse wenig wahrscheinlich, und auf dem Schwarzmarkt kostete sie gleich 25 Rubel. Das Monatsgehalt eines Ingenieurs betrug 100 Rubel – das entsprach ungefähr dem Preis für einen Jeansanzug.

Der idealtypische Homo sowjeticus der Siebzigerjahre ging seiner Arbeit nach, widmete sich in seiner Freizeit der Familie, verfügte über eine Anderthalb- oder Zweizimmerwohnung in einer Neubausiedlung mit Zentralheizung und Bad, über ein Sparbuch, kaufte sich nach und nach einen Plattenspieler, einen Fernseher etwa der Marke «Junost», einen Kühlschrank «Saratow» oder «Minsk», eine Waschmaschine und einen Staubsauger. Er stand geduldig Schlange beim täglichen Einkauf, wartete ewig auf einen Telefonanschluss oder gar auf einen Lada, der als Fiat-Lizenz in der Stadt Togliatti produziert wurde. Die beiden dreitägigen Staatsfeiern

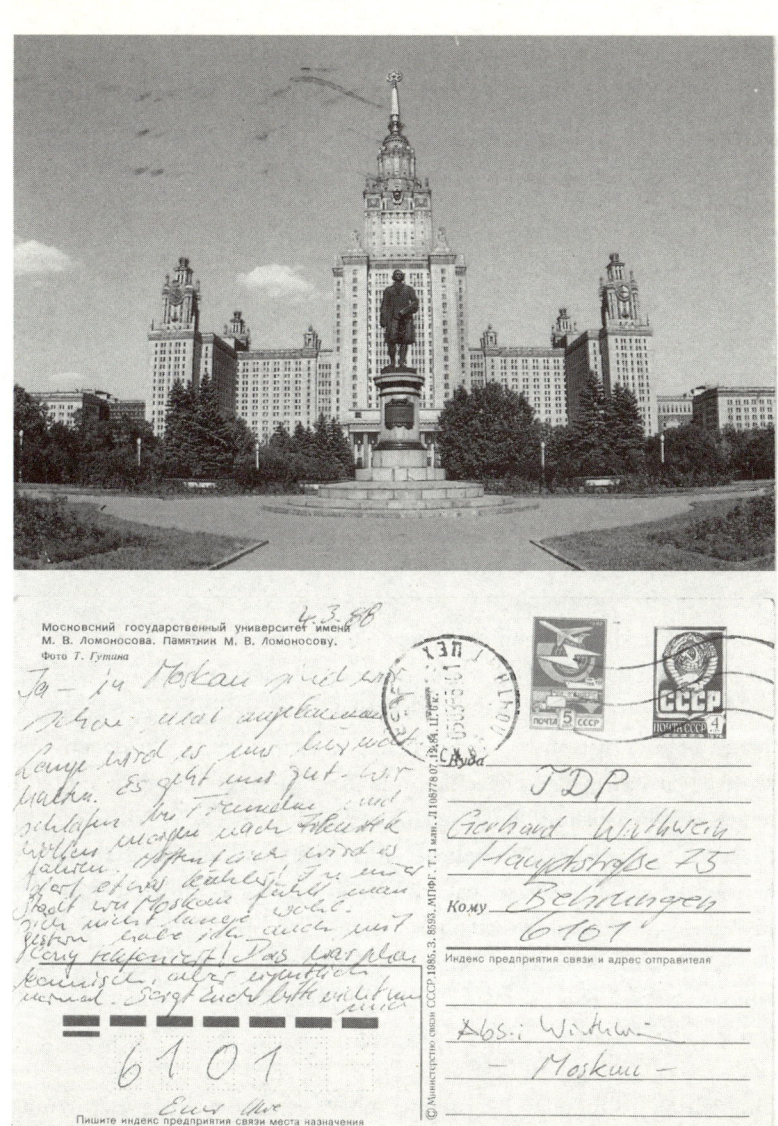

Postkarte aus Moskau

Bahnhof Tinda an der Baikal-Amur-Eisenbahnlinie («Trasse der Kühnheit» genannt)

zum 1. Mai und 7. November feierte er im Freundeskreis mit Lachs, Torte und reichlich Wodka. Außerdem feierte er, je nach Profession, den «Tag des Fischers», den «Tag des Eisenbahners» oder den «Tag des Lehrers». Seinen Sommerurlaub verbrachte er entweder in einer bescheidenen hölzernen Datscha in der Freizeitkolonie, oder er vergnügte sich während seiner Familienausflüge mit Angeln. Für Leute aus der Provinz war ein Aufenthalt in Moskau, möglichst mit einer Aufführung des Balletts «Schwanensee» im Kongresspalast, oder in Leningrad mit Besuch in der Eremitage ein besonderes Erlebnis. Seltener kam es zu einem Urlaub auf der Krim oder im Kaukasus und als Höchstgenuss zu einer Reise nach Ungarn, in die ČSSR oder die DDR – selbstverständlich in einer gut kontrollierbaren Gruppe.

Die Siebzigerjahre waren die ruhigste, besser gesagt die einzig relativ ruhige Zeitspanne in der Geschichte der Sowjetunion. Die Menschen erhielten mehr Freiräume und Konsummöglichkeiten als früher, während die ideologische Mobilisierung immer lascher wurde. Gleichzeitig kostete es das System enorme Summen und Anstrengungen, diese heute nostalgisch betrachtete Stabilität aufrechtzuerhalten. Das Verteidigungsbudget belief sich unter Breschnew und seinen unmittelbaren Nachfolgern auf 20 Prozent des Bruttoinlandsprodukts. Die Ergebnisse dieses Aufwands wurden

Ballett war und blieb ein Sinnbild der sowjetischen Hochkultur:
Primaballerina Maija Plissezkaja

bei den jährlichen Maiparaden auf dem Roten Platz vorgeführt, um die militärische Stärke des Landes sowohl dem In- als auch dem Ausland zu präsentieren. Die «Schönheitskönigin» der sowjetischen Rüstungsproduktion war zweifellos die Rakete SS-20.

Während die Abrüstungsverhandlungen mit den USA liefen, wurde paradoxerweise das Rüstungsniveau künstlich aufrechterhalten. Dies diente dem innenpolitischen Ziel, die Ansprüche des militärisch-industriellen Komplexes zu befriedigen, der circa zwei Millionen Menschen umfasste und in viel höherem Maße als der passive Staats- und Parteiapparat auf die Regierenden Einfluss nehmen konnte. Die größte und effektivste Macht war jedoch das Komitee für Staatssicherheit, verkürzt KGB, eine Art Staat im Staate mit ungefähr 700 000 hauptamtlichen Mitarbeitern und Millionen von Zuträgern. Ihr Sitz auf dem Moskauer Derschinskiplatz in

Das Dissidentenehepaar Podrabinek. Der Mann, Alexander, studierter Feldscher, entlarvte in seinem Buch die psychiatrische Zwangsbehandlung von Andersdenkenden in der Sowjetunion und wurde deswegen ins Lager eingeliefert

der ehemaligen Lubjanka war, zusammen mit seinem umfangreichen Lagersystem in entlegenen Provinzen, eine ständige Drohung gegenüber politischen Dissidenten oder kritischen Intellektuellen. Die Arbeit dieses «Organs», die unter Stalin Millionen Todesopfer zur Folge hatte, wurde jetzt unter der Führung von Jurij Andropow praktisch blutlos verrichtet, mit kalter, genau berechneter Gewalt.

Der Umgang mit dem Dissens

Im Jahre 1976 befanden sich laut geheimer KGB-Statistik insgesamt 851 politische Gefangene in Kerkern («isoljatory») und Lagern. 68 000 Menschen wurden der «antisowjetischen Propaganda» verdächtigt und waren als sogenannte «politisch gefährliche Elemente» registriert, ohne dass gegen sie ein Verfahren eingeleitet worden wäre. Offensichtlich suchte das System politische Prozesse weitgehend zu vermeiden, denn auch geschlossene Verhandlungen konnten in die westliche Öffentlichkeit kommen

Smolensk: Eine der vielen «Spezialkliniken», in denen Zwangspsychiatrie gegen Dissidenten angewandt wurde

und das Image des Regimes schädigen. So versuchte man die Menschenrechtsbewegung mit polizeilichen Mitteln unter Druck zu setzen bzw. aus dem Land zu vertreiben. Man wollte «keine Märtyrer produzieren» und produzierte dennoch genug, um die Gesichter dieser kämpfenden Minderheit weltweit bekannt zu machen.

Zur Zeit des Helsinki-Abkommens gelang es dem seit 1967 von Jurij Andropow gelenkten KGB vor allem, die erste Welle der demokratischen Bewegung aufzulösen. Kaum ein Jahr nach der Konferenz-Schlussakte versammelten sich in der Wohnung des Atomphysikers Andrej Sacharow und seiner Frau Jelena Bonner in der Moskauer Tschkalowstraße die Führer einer Gruppe zu einer Pressekonferenz. Sie hatte sich zum Ziel gesetzt, die Einhaltung des Helsinki-Abkommens seitens der UdSSR zu beobachten. Formal war dieses Vorgehen legitim, denn die KSZE hielt eine solche Kontrolle für notwendig und bereitete zu diesem Zweck sogar die erste Nachfolgekonferenz in Belgrad vor. Heikel für die Sowjetregierung waren vor allem die Punkte des Abkommens, die sich auf den sogenannten «dritten Korb» (Menschenrechte, Reisemöglichkeiten, Glaubensfreiheit) bezogen. Die Moskauer Helsinkigruppe und ähnliche Gruppen in Kiew und Tiflis bestanden aus einer Reihe von außergewöhnlichen Persönlichkeiten – dem Mathematiker Jurij Orlow, der Historikerin Ljudmila Alexejewa, dem Arbeiter Anatolij Martschenko und dem General a. D. Pjotr Grigorenko. Letzterer engagierte sich vor allem für die 1944 auf Stalins Befehl nach Sibirien und Zentralasien deportierten Krimtataren. Deren Rückkehr durchzusetzen war das erste Anliegen der Helsinki-Gruppe. Eine spezielle Untergruppe beschäftigte sich mit der Verfolgung von Andersdenkenden in der Psychiatrie – über dieses Thema schrieb Alexander Podrabinek das Buch «Strafmedizin».

Die Behörden reagierten auf die neue Welle der demokratischen Opposition einerseits mit erhöhtem Terror, etwa dem spektakulären Prozess gegen Jurij Orlow oder der dritten Gefängnisstrafe für Martschenko, andererseits mit Zwangsausbürgerungen. Davon waren zum Beispiel Leonid Pljuschtsch und Ljudmila Alexejewa betroffen. Der spektakulärste Fall war zweifelsohne 1976 der Austausch des Dissidenten Wladimir Bukowskij, der zuvor zwangspsychiatrisiert worden war, gegen den chilenischen KP-Chef Luis Corvalán, der seit dem Putsch vom Herbst 1973 in Pinochets Gefängnis saß. Da Bukowskij in den sowjetischen Medien als «Hooligan» verunglimpft worden war, reagierte der derbe Volkshumor auf die Aktion mit einem Spottgedicht, das Leonid Breschnew zum Ziel hatte: «Frei ist nun der Hooligan / im Tausch mit Luis Corvalán. / Ist keine Schlampe in der Ferne? / Wir tauschen gegen Ljonja gerne.»

DIE ANTRAGSTELLER NACH PUNKT 5

Neben den nicht sehr zahlreichen sowjetischen Dissidenten – sie selbst definierten sich als «prawosaschtschitniki» (Rechtsschützer) – bereitete ein Phänomen dem Regime viel mehr Kopfzerbrechen: die Auswanderungsbewegung hauptsächlich jüdischer Sowjetbürger, aber auch der deutschen Minderheit. Die lange Schlange der Ausreisewilligen vor dem Haus des Passamtes auf der Altmoskauer Straße Kolpatschnyj pereulok brachte die Behörden in eine prekäre Lage. Einerseits war die Ausreisebewegung durch Verbot oder Druck auf Einzelne nicht mehr aufzuhalten, andererseits sorgte hier jedes Zugeständnis für Spannung bei anderen Nationalitäten, die nicht über eine «historische Heimat» außerhalb der UdSSR verfügten. Juden galten als «Nationalität», was in der entsprechenden Rubrik des Personalausweises unter Punkt 5 eingetragen wurde. Dabei dachten die sowjetischen Führer bis zuletzt nicht daran, mehr konfessionelle oder kulturelle Freiräume etwa für sowjetische Juden zu gewähren. So existierte beispielsweise in der Metropole Moskau mit mehr als 100 000 jüdischen Einwohnern nur eine einzige Synagoge. Der Rabbiner Fischman und auch sein Nachfolger Schajewitsch waren von den Entscheidungen des Staatskomitees für Religion abhängig, und ihre Tätigkeit diente dazu, das Image der Regierung bei internationalen Konferenzen aufzupolieren.

POPMUSIK, THEATER UND ZENSUR

Insgesamt barg die friedliche Koexistenz zwischen Ost und West in der Zeit nach Helsinki für die Sowjetunion innenpolitisch größere Risiken als zuvor die latente Kriegsgefahr, die immerhin durch das atomare Gleichgewicht der Supermächte begrenzt wurde. Bei allem Erfolg bei den Bestrebungen, das Riesenland vom Westen abzuschotten, war doch der kulturelle Einfluss der freien Welt auf die UdSSR unaufhaltsam. Westliche Popmusik und die Unterhaltungsindustrie prägten zunehmend auch die Jugendkultur der östlichen Großstädte. Nach anfänglichen Schwierigkeiten mit den konservativen Kulturfunktionären eroberten Tänze wie Twist oder Letkiss die Tanzparketts der Siebzigerjahre. In den frühen Achtzigern wurde die reiche Jazztradition der Zwanzigerjahre wiederentdeckt. Gleichzeitig wurden ganze Musikströmungen, die westliche Vorbilder hatten, bestenfalls geduldet. Ein Beispiel hierfür ist der steinige Weg der von Bob Dylan inspirierten Gruppe «Zoopark», die 1980 gegründet wurde.

Während die Avantgarde in der Massenkultur mit dem allmählichen Abbau der Tabus begann, spielte sich einige Etagen höher ein erbitterter Kampf zwischen Künstlern und Bürokraten ab. Neben dem Kampf mit dem politischen Dissens versuchte der Staat auch Teile der Intelligenz strenger zu kontrollieren, die sich bis dahin im Rahmen der offiziellen Institutionen bewegt hatten. Die exzessive Zensur führte zu Beginn der Achtzigerjahre dazu, dass weltbekannte Künstler wie Jurij Ljubimow, Direktor des Moskauer Theaters an der Taganka, oder der Filmregisseur An-

drej Tarkowskij von einem Westaufenthalt nicht zurückkehrten. So wurden sie letzten Endes aufgrund ihres künstlerischen Credos zur Unperson in ihrer Heimat.

Mischa fliegt gen Himmel

Schließlich bereitete sich die Altherrenriege um den greisen Breschnew auf ihren grandios inszenierten internationalen Ruhm vor: Als symbolischer Abschied von den «goldenen Zeiten» der Stagnation kann im Nachhinein die Abschlussfeier der Moskauer Olympischen Sommerspiele betrachtet werden, die am Sonntag, dem 3. August 1980, im Moskauer Luschniki-Stadion stattfand. Auf der Ehrentribüne saßen die Mitglieder des Politbüros der KPdSU mit dem sichtlich geschwächten Parteichef Breschnew an der Spitze, Vertreter des Internationalen Olympischen Komitees, ausländische Diplomaten und Ehrengäste. Die Liveübertragung des Moskauer Fernsehens verfolgten viele Millionen Bürger der Sowjetunion und der

Anachronistisch charmant – von den Luxusgeschäften bis zu den Marktständen rechnen Verkäufer mit dem Abakus

Ostblockstaaten. Als Höhepunkt stieg unter süßlicher Glockenmusik, an ein Luftschiff gekettet, der «olympische Mischa», der siegreich lächelnde sowjetische Bär, in den Moskauer Nachthimmel. Dieser Talisman, ein Werk des Buchillustrators Wiktor Tschissikow, stammte aus der Pelzfabrik der Stadt Scholtye Wody. Mischa diente als Symbol der drei sportlichen Tugenden Stärke, Ausdauer und Mut, die in lateinischer Sprache auch das Stadion schmückten.

POLEN – EIN ANDERES WARENZEICHEN

Diente der olympische Mischa als Markenzeichen für eine bärenstarke Supermacht, so tauchte plötzlich ein anderes, ein bedrohliches Symbol am Horizont auf. Zeitgleich mit dem Beginn der Olympischen Spiele begann in dem größten Ostblockland Polen eine landesweite Streikbewegung gegen die restriktive Politik der Kommunistischen Partei. Als Reaktion auf die Entlassung der Kranführerin Anna Walentinowicz, eine der Schlüsselfiguren der Streikbewegung, wurde am 16. August 1980 in Danzig die Gewerkschaft Solidarność gegründet. Ihr berühmtes Logo mit den marschierenden Buchstaben entwarf der Grafiker Jerzy Janiszewski, den Namen erfand der Dissident und Historiker Karol Modzelewski.

Kongress der Gewerkschaft Solidarność in Danzig, Herbst 1981. In der Mitte die Kranführerin Anna Walentinowicz. Einige Monate später folgte der Ausnahmezustand

Die wichtigsten Momente der Streikbewegung waren die katholische Messe auf der Leninwerft und am 31. August 1980 die Unterzeichnung des Forderungskatalogs der Arbeiter durch den stellvertretenden Regierungschef Mieczysław Jagielski und den Führer des Streikkomitees, den Elektriker Lech Wałęsa. Beide Ereignisse wurden von dem Regisseur Andrzej Wajda in seinem Film «Mann aus Eisen» verewigt, der im Rekordtempo gedreht worden war. Das berühmte Lied aus diesem Film über den Arbeiter Janek Wiśniewski, ein imaginäres Opfer der Unruhen vom Winter 1970 in den Küstenstädten, trug die Schauspielerin Krystyna Janda vor: «Weint nicht, ihr Mütter, es war nicht umsonst ... Über der Werft weht die schwarze Fahne / (...) Für Brot und Freiheit, für das neue Polen ist Janek Wiśniewski gefallen.»

Polen war von Anfang an das Ostblockland, das vom Kreml aus am schwersten zu lenken war. Bereits 1956, kurz nach dem Aufstand in Posen, erzwang dort die Gesellschaft den Rücktritt der stalinistischen Garnitur und setzte den «Nationalkommunisten» Władysław Gomułka an die Spit-

Bergmannfeier zur Zeit des Aufschwungs der Solidarność, Sommer 1981

ze. Im Sommer 1976 vereitelten die Arbeiter des Traktorenwerks Ursus in Radom unter Androhung eines allgemeinen Streiks die Preiserhöhungspläne der Regierung. Diese besondere Entschlossenheit der Arbeiterschaft hing damit zusammen, dass zu dieser Zeit eine Bewegung der Intellektuellen um Adam Michnik und Jacek Kuroń entstanden war (KOR/KOS), die immer stärker wurde. Soziale und politische Forderungen waren eng miteinander verknüpft und wurden seit 1968 im Slogan der polnischen Studentenbewegung vereint: «Kein Brot ohne Freiheit!»

Noch wichtiger für die polnische Sonderrolle war die mächtige katholische Kirche, die immer stärker in die Rolle der ausgleichenden Kraft zwischen der Regierung und der Gesellschaft geriet. Als Kardinal Karol Wojtyła im Oktober 1978 zum Papst gewählt wurde, hatte dies eine gewaltige Wirkung auf die Atmosphäre in der polnischen Gesellschaft. Die erste Reise des Pontifex maximus im Jahr 1979 in seine Heimat verwandelte sich in einen Triumphzug ohnegleichen. Im Sog dieser Euphorie entstand eine neue Welle von nationalen und sozialen Freiheitsträumen. Die Kremlführung verfolgte die polnische Entwicklung zunehmend besorgt. Zuerst versuchte man die Ereignisse zu verschweigen. In der russischen Zeitung *Prawda* oder im Moskauer Fernsehen sickerten nur Informationen mit unpolitischem Inhalt durch. So wurde etwa über den Erfolg der polnischen Trickfilmserie «Lolek und Bolek» berichtet. Später mussten die sowjetischen Medien angesichts der russischsprachigen Auslandssender diese passive Haltung aufgeben. Nun ging es nur noch um die jeweilige Sprachregelung. In Polen sei es, so hieß es nun, aufgrund von Preiserhöhungen zu vereinzelten «Arbeitsunterbrechungen» gekommen – das Wort «Streik» wurde, solange es irgend ging, auch in der Berichterstattung anderer Ostblockstaaten vermieden.

PROBLEME EINES TREUEN VERBÜNDETEN – DIE DDR

Zunehmende Sorgen bereiteten dem Kreml in der zweiten Hälfte der Siebzigerjahre auch die anderen Verbündeten, und zwar aus völlig unterschiedlichen Gründen. Selbst beim treuesten Partner, der SED in der DDR, ließ die ideologische Standfestigkeit angesichts der großzügigen Westkredite zunehmend nach. Zudem hatte Willy Brandts Entspannungspolitik kleine Hoffnungen in Ost und West geweckt. Zwar waren die Leitartikel im *Neuen Deutschland* gegen den kapitalistischen «Bonner Staat» auf der Linie Moskaus, gleichzeitig breitete sich der Einfluss der BRD durch Konsumprodukte und noch mehr durch die Medien aus.

Die DDR war ein Land der Frühaufsteher und der ruhigen Schläfer. Kinder wurden bereits um 18.50 Uhr vom Sandmännchen verabschiedet: «Nun schnell ins Bett und schlaft recht schön, / dann will ich auch zur Ruhe gehen, / ich wünsch euch gute Nacht!» – klang das süße Liedchen, von dem es im Hinblick auf die größte Minderheit des Landes auch eine sorbische Fassung gab. Die Erwachsenen schauten danach die Nachrichtensendung «Aktuelle Kamera» an, schalteten dann direkt auf die Tagesschau und tauchten für ein paar Stunden in die parallele bundesdeutsche Wirklichkeit ein. Von diesem exklusiven Erlebnis, das keinem anderen Ostblockland bekannt war, blieben die südöstlichen Bezirke der DDR ausgeschlossen, in denen kein Empfang möglich war und die deshalb im Volksmund als «Tal der Ahnungslosen» galten.

Flächendeckend war hingegen das «Intershop»-Verkaufsnetz, das dichter gespannt war als das der Genex in Polen, Tuzex in der ČSSR und Co-

Siegfried Jehn – der DDR-Bürger im Weltall 1978

Sonntagnachmittag in Hoyerswerda, Anfang der Achtzigerjahre

recom in Bulgarien. Hier roch es nach Kaffee, Tee, Tabak, Schokolade und Parfum. Das Angebot, zu dem auch Spirituosen, Spielzeug, Jeans, Fernseher und anderes gehörte, bestand teilweise aus westlich etikettierten Produkten «Made in GDR», zeichnete sich jedoch durch ein im westlichen Vergleich niedriges Preisniveau aus. Wer sich nach mehr sehnte und großzügige Verwandte im Westen hatte, konnte den Geschenkdienst der staatlichen Firma Genex in Anspruch nehmen, der praktisch jeden Käuferwunsch erfüllen konnte – inklusive der heiß begehrten Autos, die man sonst nur nach jahrelangem Warten erwerben konnte. Die massive Präsenz der kapitalistischen Warenwelt, ergänzt um die Fernsehwerbung, ließ eine materielle Differenzierung innerhalb der Bevölkerung sichtbar werden, die im krassen Widerspruch zur rigiden kommunistischen Gleichheitsmoral der früheren Jahrzehnte stand.

Offizielle Protestkundgebung gegen die Pershings

Wachsende Probleme hatte die SED-Führung auch mit der früher vorsichtigen Intelligenz, dem beginnenden Dissens um den «ostdeutschen Sacharow» Robert Havemann und dem Liedermacher Wolf Biermann. Die Songs Biermanns zeichneten sich durch eine witzige, populäre Sprache aus und prangerten die Unfreiheit und Verlogenheit des Systems an. In einem satirischen Lied betrachtete Biermann die Grenzbefestigung der DDR sogar als eine Parodie der chinesischen Großen Mauer: «Karl Marx, der Revolutionär / hat großes Glück, er lebt nicht mehr, / denn wenn er heut am Leben wär, Genosse meiner Trauer, / dann lebte er nicht lange mehr, / man zöge ihn aus dem Verkehr, / und fragst du, wo, das ist nicht schwer: / In China hinter der Mauer.» Das System rächte sich im November 1976 an dem spöttelnden Liedermacher, indem es diesen während einer Konzertreise in die Bundesrepublik Deutschland kurzerhand ausbürgerte. Allerdings blieb diesmal der Bumerangeffekt nicht aus: Mehr als hundert Künstler, unter ihnen auch hochdekorierte SED-Mitglieder, protestierten gegen den Willkürakt. Einer der aktivsten Protestler, der Wissenschaftler Robert Havemann, wurde daraufhin unter Hausarrest gestellt, ein anderer, der Lyriker Jürgen Fuchs, ein Jahr

Fröhlicher sozialistischer Alltag

lang im Gefängnis festgehalten und dann zum Verlassen der DDR gezwungen.

Die Nähe zum anderen deutschen Staat bereitete am Anfang der Achtzigerjahre noch ein spezielles Problem für die ostdeutsche Führung. Als
Protest gegen die Aufstellung der Pershing-Raketen – was allerdings eine
Antwort auf die Stationierung der sowjetischen SS-20-Raketen war – entstand in der freien Welt eine starke Protestbewegung (Großkundgebung
in Hamburg 1981 mit 300 000 Teilnehmern), deren Echo über die bundes-
deutschen Medien die DDR erreichte. Die Regierung versuchte den westlichen Protest propagandistisch zu verwerten, war aber beunruhigt von
der Entstehung östlicher Friedensgruppen, welche unter der Ägide der
evangelischen Kirche tätig waren.

Neben reichlichem Essen und Trinken gehörte in der «normalisierten» Tschechoslowakei auch das Autofahren zum Konsum. Hier: ein landeseigener Škoda

DIE «NORMALISIERTE REPUBLIK» – ČSSR

Die ČSSR litt Mitte der Siebzigerjahre noch immer unter dem Schock vom August 1968. Die Gesellschaft war apathisch, auf Konsum und gelegentliche Westreisen versessen, und die ökonomische Situation war relativ komfortabel. Dabei blieb die tschechoslowakische Wirtschaft vergleichsweise leistungsfähig, und die Verschuldung gegenüber den westlichen Banken hielt sich im bescheidenen Rahmen. (1985: 591 US-Dollar pro Kopf der Bevölkerung. Zum Vergleich Polen: 1261 Dollar, Ungarn: 1311 Dollar.) Formal hielt man noch an den Prinzipien des Sozialismus fest, aber die Ideologie des «Marxismus-Leninismus» war weitgehend ausgehöhlt.

Die Entpolitisierung der Gesellschaft ging mit einer zunehmenden Befriedigung von Konsumwünschen bei minimalen Preiserhöhungen einher. Darauf hofften die Machthaber bis in die späten Achtzigerjahre hinein. So behauptete Miloš Jakeš, einer der Parteiführer: «Der Fleischkonsum in der Tschechoslowakei liegt bei neunzig Kilogramm pro Einwohner und steigt ständig. Die Leute fressen in sich hinein, was geht, und verlangen immer mehr; zur Arbeit haben sie aber immer weniger Lust. Solange die Läden voller Waren sind, braucht man nichts zu befürchten.»

Dennoch entstand hier als Folge des Helsinki-Vertrages eine Men-

Die Trennlinie zwischen Österreich und der ČSSR

Auf Wiedersehen im Jahr 1978

schenrechtsbewegung mit dem Namen Charta 77. Es handelte sich dabei um eine Koalition von Reformkommunisten (Jiří Hájek), bürgerlichen Intellektuellen (Jan Patočka), Literaten (Václav Havel) und Wissenschaftlern. Eine Besonderheit war, dass es im Unterschied zu anderen dissidentischen Bewegungen vergleichsweise viele Frauen gab, die auch sichtbar wurden, etwa als Sprecherinnen der Charta (Eva Kantůrková, Anna Šabatová). Die erste Petition der Gruppe entstand als Protest gegen die Verhaftung der Popband «Plastic People of the Universe», die durch ihre illegalen Konzerte zum Geheimtipp der immer schwerer zu kontrollierenden Jugend wurde. Obwohl der Geheimdienst massiven Druck auf die Chartisten ausübte – so wurde sogar ihren Kindern die Aufnahme in die Hochschulen verweigert –, gelang es ihm nicht, die Bewegung zu stoppen.

DIE «LUSTIGSTE BARACKE IM LAGER» – KÁDÁRS UNGARN

Ungarn war eindeutig ruhiger als die DDR oder die ČSSR. Parteichef Kádár gelang es durch eine geschickte Koppelung von Druck und Zugeständnissen, seinen «Gulaschkommunismus» zu etablieren. Allerdings kostete in den Siebzigerjahren selbst das Gulasch zu viel, mit dem der Kommunismus dem Volk schmackhaft gemacht werden sollte. Die Schulden der Volksrepublik stiegen jährlich, die Pro-Kopf-Verschuldung der Bevölkerung war sogar noch höher als die in Polen. Auch hier erschien Anfang Januar 1977 eine Gruppe auf der Bildfläche, die sich als demokra-

Flugparade in Budapest. Hochrangige Gäste, darunter der Verteidigungsminister Lajos Szinege, und was sie ansehen

tische Opposition bezeichnete – der Bekannteste unter ihnen war der Autor György Konrád, dessen öffentliche kritische Auftritte im Westen und zu Hause die Behörden scheinbar machtlos erdulden mussten. Die Kultur in Ungarn war relativ frei, trotz vorhandener Zensur war die staatliche Ideologie nicht dominierend: Für Film, Musik und Literatur gab es erstaunliche Möglichkeiten. Die Jugend feierte neue Bands wie «Komitee», «Beatrice», «Kontrollgruppe» oder die «Rasenden Leichenbeschauer», deren Publikum nach den Konzerten von der Polizei manchmal mit Gummiknüppeln traktiert wurde, die aber selbst unbehelligt blieben.

Eine andere, in den Augen sowjetischer und heimischer Beobachter viel gefährlichere Strömung bildeten die sogenannten «Tanzhäuser», die in Anlehnung an die ungarische Tradition den Hang zum Nationalen verkörperten. Ohnehin fühlten sich die Machtorgane vor jedem halbwegs runden Jahrestag des Volksaufstands von 1956, so zum Beispiel 1976 und 1981, zur Mobilisierung gezwungen. Zudem wurde das Nationalgefühl durch die Diskriminierung der ungarischen Minderheit in den Nachbarstaaten, vor allem in Ceaușescus Rumänien, zusätzlich angeheizt und wirkte so weiterhin beunruhigend.

Kinder tanzen und singen zu Ehren des Conducators

Das Land, das aus der Reihe tanzte – Rumänien

Die Führung der Sozialistischen Republik Rumänien wollte vielleicht mit ihren orthodoxen Prinzipien und harten Methoden eigentlich den Sowjets imponieren. Doch nichts dergleichen realisierte sich: Der Zwanzig-Millionen-Staat tanzte fortwährend aus der Reihe. Zum einen gab es besondere Kontakte mit dem Westen und zur Bewegung der «Blockfreien» in der Dritten Welt, die Rumänien fast zu einem «korrespondierenden Mitglied» des Warschauer Vertrages machten. Gleichzeitig erschien Ceauşescus Herrschaftsform selbst für sowjetische Verhältnisse zu feudal, dynastisch und despotisch. Auch im Westen wuchsen inzwischen gewisse Vorbehalte gegenüber dem halbgottähnlichen Status des Diktators, für den sein Hofdichter Paunescu regelmäßig Massenhuldigungen organisierte, die als Kulturfestivals getarnt wurden («Ich besinge dich, Rumänien, Cintarea Romania»). Das Land war isoliert und streng abgeschottet, nur manchmal sickerten Informationen durch. So geschah es etwa im September 1977, als der Altkommunist Parvulescu auf dem Parteitag der KPR offen gegen Ceauşescu auftrat. Es dauerte einige panische Sekunden, bis die Direktübertragung im Fernsehen abgebrochen wurde und auf dem Bildschirm die beruhigende Information «Technische Panne» erschien.

An den Büchern des Conducators herrschte kein Mangel.
Selbst vor dem Sturz wurde er noch gefeiert
(oben)

Das Theater in Kronstadt (Brașov), August 1989
(unten)

II.
KRÄNKELNDE STAATSMÄNNER,
MARODE STAATEN
(1980–1985)

Bereits der erste Mensch war krank, obwohl er dissimulierte,
und selbst dem Schöpfer ging es schlecht, als er die Welt kreierte.
Verzweifeln Sie doch bitte nie, das macht alles zunichte!
Des Landes ganze Historie ist eine Krankengeschichte.

Wladimir Wyssozki, Barde

DIE «POLNISCHE LÖSUNG» – VERSUCH EINER MILITÄRDIKTATUR

Am frühen Sonntagmorgen des 13. Dezember 1981 erschien im polnischen Fernsehen ein uniformierter Moderator und sagte eine Erklärung des KP-Chefs, Ministerpräsidenten und Verteidigungsministers General Jaruzelski an. Dieser verkündete in einer kurzen Rede die Gründung eines «Militärrates der nationalen Errettung» (WRON) und die Verhängung des Kriegsrechts. Polen stehe «am Rand eines Abgrunds», sei durch «Chaos und Demoralisierung» bedroht, «ein Weiterbestehen dieses Zustandes würde unweigerlich zur Katastrophe führen». 5000 Oppositionelle und Solidarność-Aktivisten wurden verhaftet oder interniert, Gewerkschaftsführer Lech Wałęsa unter Hausarrest gestellt. Die Militärs besetzten alle strategischen Punkte, patrouillierten auf den Straßen und verfügten ein Ausgehverbot in den späten Abendstunden. Telefonverbindungen wurden für 29 Tage eingestellt, und selbst danach konnte mitten im Gespräch eine Tonbandstimme warnen: «Dieses Gespräch wird abgehört.» In den darauffolgenden Auseinandersetzungen wurden elf Personen von den Spezialeinheiten des Innenministeriums ZOMO getötet. Die Weltöffentlichkeit war empört und sprach von sowjetischem Druck, der diesen Schritt erwirkt habe. Der Westen reagierte mit einem Kreditboykott gegen praktisch alle Ostblockstaaten.

Zum Polenbesuch des Papstes Johannes Paul II. im Sommer 1982 ließ die Untergrund-Solidarność diese Postkarte drucken

Die Einführung einer Militärdiktatur im zweitgrößten Land des Warschauer Vertrags bedeutete nach Ungarn 1956 und der ČSSR 1968 zunächst das Scheitern des dritten Versuches, Änderungen gegen die KP und die sowjetischen Machthaber durchzusetzen. Dennoch: Zum ersten Mal war die Niederschlagung nicht mit einer direkten sowjetischen Präsenz verbunden – man sprach vielmehr von einer «Autoinvasion». Die Konflikte zwischen Staat und Gesellschaft in Polen wurden mit der diskreten Vermittlung der katholischen Kirche ausgetragen, und es war klar, dass die Gewerkschaftsbewegung zwar geschwächt, nicht aber vernichtet werden konnte. Polnische Untergrundstrukturen – Gewerkschafts- und Oppositionsgruppen, Verlage, Journale und «freie Universitäten» – zählten laut Geheimdienstberichten Mitte der Achtzigerjahre 40 000 Mitglieder.

Zudem wurde die wirtschaftliche Lage des Landes, auch durch den weltweiten Boykott des tief verschuldeten Staates, immer schwieriger. 1985 erreichte die Verschuldung pro Kopf der Bevölkerung 893 US-Dollar und fraß 252 Prozent der Exporterlöse. Im Konsumbereich herrschte außerhalb der Schattenwirtschaft eine elementare Lebensmittelknappheit. So gab es im schlesischen Wintersportort Szczyrk in den Beskiden eine Drahtseilbahn zwischen zwei Bergen. An beiden Stationen stand ein Büfett, an dem die Wintertouristen bei Eiseskälte ausschließlich Tee und Krautsuppe bekamen. So hofften und beteten die Polen den nächsten Papstbesuch herbei. Dieser folgte im Juni 1983 und endete mit einem Treffen Johannes Pauls II. mit dem immer noch stark isolierten Gewerkschaftsführer Lech Wałęsa. Schon bald nach diesem Ereignis wurde das Kriegsrecht offiziell aufgehoben.

Der schlecht verschleierte Bankrott – Ungarn

Ungarn, das Land des «Gulaschkommunismus», befand sich früher und in einem höheren Maße in der Schuldenfalle als alle anderen Ostblockstaaten. Die Verschuldung pro Kopf der Einwohner betrug 1985 immerhin 1311 US-Dollar. Die Besonderheit des Donaustaates bestand nach wie vor darin, dass eine relative innere Liberalität herrschte, der intellektuelle Dissens zunehmend geduldet wurde und eine ängstliche, aber sichtbare Annäherung an den Westen erfolgte. So trat Ungarn 1981 dem Internationalen Währungsfonds bei – ein Schritt, dessen Vorbereitung angeblich mit strengster Geheimhaltung gegenüber den Sowjets erfolgte.

Trotzdem wurde Ungarn im August 1982 zahlungsunfähig und war bis zuletzt auf Dollarinjektionen des Westens angewiesen. Bei einem internen Dissidententreffen wurde der Ökonom Pál Juhász gefragt, ob die demokratische Opposition unter Umständen die Reformbestrebungen der Regierung unterstützen sollte oder nicht. Er antwortete, das sei völlig egal. Selbst wenn das System sofort mit den Reformen beginnen würde, prophezeite er, dass die Sanierung ungefähr bis 1997 dauern würde. Diese Vorhersage entpuppte sich letztendlich als zu optimistisch.

Tatsächlich war es bereits fünf vor zwölf: Mit dem bereits auf elf Milliarden Dollar angestiegenen Schuldenberg erwies sich das Land als zahlungsunfähig und hielt sich in diesem unangenehmen Schwebezustand bis zum Ende des Jahres 1982, als es endlich den Überbrückungskredit vom IWF abrufen konnte. Anderthalb Jahre später erinnerte sich der stellvertretende Ministerpräsident Ferenc Havasi in einem Fernsehinterview an diese Zitterpartie: «Wissen Sie, damals befand sich unsere Wirtschaft im Zustand des klinischen Todes.» Der Journalist Tamás Vitray kommentier-

Eine ungarische Erfindung, die die Welt eroberte: der Rubikwürfel

te kopfschüttelnd: «A betyárját!» (etwa: Heiliger Strohsack!). Dieses augenzwinkernde Hinwegwitzeln über die drohende Katastrophe, dieses gemütliche Vabanquespiel à la Adelskasino war der speziell ungarische Beitrag zum Untergang des osteuropäischen Sozialismus – die Apokalypse in der Operettenversion.

Die triste Wirtschaftslage war durch die immer lascher werdende Zensur schwer zu verheimlichen und bedrohte den unausgesprochenen Konsens zwischen der Gesellschaft und ihrer Führungsspitze. Der einzige Faden, der die eine mit der anderen verband, war das Materielle. Die offizielle Ideologie interessierte in den Achtzigerjahren fast niemanden mehr.

Die erste Hälfte der Achtzigerjahre stand noch ganz im Zeichen der Ära Kádár: Der über 70 Jahre alte Partei- und Staatsführer galt als «guter König», und die verhältnismäßig saturierte Mittelklasse war mit Aerobic beschäftigt und kaufte bei Westbesuchen die dazu notwendige Ausstattung. Allerdings schaute die Führung nicht bei allem tatenlos zu. Versuche zum Beispiel, den Nudismus in der Nähe von Délegyháza unter dem Namen

«Naturalismus» neu zu beleben, stießen auf den Widerstand der Polizei. Ebenso wurde ein Treffen ungarischer und westlicher Friedensaktivisten durch Ordnungskräfte aufgelöst. Trotzdem erwies sich das Kádár'sche Ungarn in den Achtzigerjahren immer noch als Bastion der kleinen Freiheiten mit einer besonderen kulturellen Ausstrahlung: 1981 erhielt der Trickfilmregisseur Ferenc Rófusz für sein dreiminütiges Werk «Die Fliege» einen Oscar. Ein Jahr später durfte István Szabó für seinen «Mephisto» die goldene Statue entgegennehmen.

Als wahrer Welterfolg erwies sich aber der Zauberwürfel des Architekten Ernő Rubik: Das sechsfarbige Geduldsspiel wurde 1975 vollendet und vom Budapester Patentamt 1977 genehmigt, sein Weg zum Welterfolg erwies sich jedoch als steinig. Bürokratie und Inkompetenz der zuständigen Behörden führten dazu, dass die Erfindung erst relativ spät auf den Weltmarkt kam. Ungarn war außerstande, die bestellten zwei Millionen Exemplare zu liefern, und schloss einander widersprechende Lizenzverträge mit westlichen Partnern ab. Gleichzeitig begannen fernöstliche Firmen mit der «schwarzen» Massenproduktion des Würfels, dessen insgesamt 100 Millionen Exemplare weder dem Erfinder noch dem Staat den zu erwartenden Gewinn sichern konnten. Der Volksmund reagierte auf dieses Desaster mit dem Witz: «Was ist ein kommunistischer Zauberwürfel? Er hat sechs Seiten, alle sind rot, und man kann sie trotzdem nicht zusammenbringen.»

Die drei kritischen Strömungen – Dissidenten, nationale gesinnte «volkstümliche» Intellektuelle und Reformökonomen – trafen sich im Sommer 1985 in Monor und führten dort Gespräche über die keineswegs rosig erscheinende Zukunft des Landes, die nach den damaligen Gesetzen als illegal galten. Nach Aussagen von Sicherheitsleuten waren unter einigen Stühlen der 45 Teilnehmer Abhörgeräte befestigt, die Führung saß also praktisch mit am Tisch. Es zeichnete sich so etwas wie ein Minimalkonsens über die Notwendigkeit von Reformen ab. Die Wirtschaftswissenschaftler arbeiteten bereits an ihrem Papier «Reform und Wende», das sie jedoch erst Jahre später veröffentlichen durften.

Anders als in dem verschämt-prüden Ungarn blühte in der DDR die Freikörperkultur, und auch das Aerobic verbreitete sich zur gleichen Zeit wie in der Donaurepublik, was sicher auch mit Jane Fonda und ihrem Vietnam-Engagement zu tun hatte. Allerdings trug die neue Mode hier den Namen «Jazzgymnastik», und die dazugehörigen Klamotten waren allesamt «Made in GDR». Der «Arbeiter- und Bauernstaat» war zweifelsohne der erfolgreichste unter den osteuropäischen Verbündeten. Der relative Wohlstand schien sicher, es gab keine Preiserhöhungen, wie sie die polnischen oder ungarischen Gemüter ständig beunruhigten.

Die Doktrin der «Einheit der Wirtschafts- und Sozialpolitik» erwies sich allerdings nur mit der massiven Unterstützung westlicher Kreditgeber als haltbar. Die erste große DM-Injektion erhielt die DDR 1983 mit dem von Franz Josef Strauß vermittelten Kredit, den sie mit dem Abbau der Selbstschussanlagen an ihrer Staatsgrenze «bezahlte». Die tägliche Tuchfühlung mit der Bundesrepublik, welche die offizielle Klassenkampfrhetorik Lügen strafte, verursachte besondere Probleme für die erstarrten greisen Politbüromitglieder. Einerseits gab man sich gemütlich, wie bei dem Empfang von Udo Lindenberg nach dessen Konzert in Ostberlin 1983, andererseits bespitzelte man die eigene Bevölkerung in einem Ausmaß, das durch keine realen Gefahren begründet war.

Gleichzeitig konnte der Terror des Ministeriums für Staatssicherheit (MfS) 1984 die ersten Fluchtaktionen in die Botschaften der Bundesrepublik in Prag und anderen sozialistischen Hauptstädten nicht verhindern. Ostberlin reagierte mit einer erheblichen Lockerung seiner Reise- und Auswanderungspraxis. Die vielschichtige Opposition wurde durch ihre Westkontakte und die Einbettung in die evangelische Kirche zunehmend zum Problem, das allein mit Polizeimethoden nicht mehr zu lösen war. Das durch Ausbürgerungen entstandene politische Exil führte – besonders am Vorabend von deutsch-deutschen Begegnungen – zu unorthodoxen Lösungen: So erhielt der ausgebürgerte Wolf Biermann im Jahre 1982 die Möglichkeit, seinen Freund Robert Havemann an dessen Sterbebett zu besuchen, was gleichzeitig zum Medienereignis wurde. Dennoch verfolgten die Geheimdienste Dissidenten wie Jürgen Fuchs auch jenseits der Staatsgrenze, es gab nach wie vor Tote an der Mauer, und in seiner Zelle in Jena starb 1981 der junge Bürgerrechtler Matthias Domaschk. Das Lavieren zwischen Zugeständnissen und hartem Durchgreifen sorgte, neben der als unbefriedigend empfundenen Versorgungslage, für innenpolitische Differenzen.

Zudem gab es immer mehr Spannungen mit den sowjetischen Führern. Diese verhinderten 1984 eine seit Langem geplante Reise Erich Honeckers in die BRD. Die SED-Politbüromitglieder wurden nach Moskau zitiert und dort gründlich «bearbeitet». Noch am selben Tag flog die geschlagene Truppe nach Ostberlin zurück, in den Medien fand die übliche Propagandakampagne gegen die Bonner Revanchisten statt, und am 3. September wurde die Staatsreise abgesagt. Eine viel größere Demütigung war jedoch die Aufforderung, sich dem Boykott der XXIII. Olympischen Spiele 1984 in Los Angeles anzuschließen, den die Sowjetunion beschlossen hatte – für die Sportsupermacht DDR ein unerhörter Prestigeverlust.

Todor Schiwkows unrühmliche Kampagne

Bulgarien schloss sich dem besagten Boykottaufruf sofort an – das kleine Balkanland befolgte Moskaus Befehle mit vorauseilendem Gehorsam. Ökonomisch war es hochgradig abhängig von den sowjetischen Rohstofflieferungen und ideologisch am engsten mit der stalinistischen Orthodoxie verwandt. Es verfügte über ausgezeichnete Sportler, etwa den der türkischen Minderheit angehörenden Amateurboxer Ismail Mustafow, der in Los Angeles gute Medaillenchancen gehabt hätte. Da zu dieser Zeit im Land eine Bulgarisierungskampagne begann, sollte Mustafow ab sofort Iwajlo Marinow heißen. Auf die Goldmedaille musste Mustafow / Marinow allerdings noch bis zum Jahr 1988 warten. Ein anderer Spitzensportler, der Gewichtheber Naim Suleymanoglu, wurde von den «Umtäufern» des Politbüros dazu gezwungen, den bulgarischer klingenden Namen Naum Schalamanow anzunehmen. Auch er durfte nicht in die USA, wollte aber bei der nächsten Olympiade nicht mehr für sein Heimatland antreten. Nach einem Wettkampf in Australien 1986 verschwand er aus einem Chinarestaurant und ersuchte um politisches Asyl in der türkischen Botschaft. Zwei Jahre später trat er bereits unter der Halbmondfahne in Seoul an – Bulgarien erhielt dafür einen Ablass von einer Million Dollar vom türkischen Staat.

Schaufenster zu Zeiten des Warenmangels in Rumänien

Was an all diesen absurden Geschichten wirklich politisches Kalkül und was pure Willkür des Diktators Todor Schiwkow war, lässt sich heute schwer feststellen. Tatsache ist, dass die Parteiführung bis zuletzt dogmatisch und reformresistent blieb und nichts von den riesigen Problemen des Landes – dem ökologischen Notstand, der Übervölkerung der Großstädte, dem Niedergang der landwirtschaftlichen und industriellen Produktion – wissen wollte. Die Volksrepublik war ein brutaler Polizeistaat, in dem die Geheimdienste etwa 600 000 Bürger durch 100 000 Agenten und Zuträger bespitzeln ließen.

Unter der «Sonne der Karpaten» – Rumänien in den Achtzigerjahren

Anders als Polen, Ungarn, Bulgarien und andere Ostblockstaaten verzichtete Ceaușescus Rumänien auf den Boykott der Olympischen Spiele und reiste weiterhin gerne gen Westen. Bei einem protokollarischen Anlass auf Schloss Brühl während einer Reise durch die Bundesrepublik im Herbst

Mangelwirtschaft: Ob der Letzte noch was bekommt?
Fleischverkauf direkt aus dem Kühlwagen

1984 musste der Diktator jedoch feststellen, dass auch er vom Westen zunehmend kritischer betrachtet wurde. Die grüne Abgeordnete Petra Kelly überreichte ihm eine Broschüre von Amnesty International über die Lage der Menschenrechte in Rumänien. In der Tat war die freie Welt immer weniger bereit, die hässlichen Züge dieser «unabhängigen» Tyrannei zu übersehen. Mit der überstürzten Rückzahlung von elf Milliarden Dollar Auslandsschulden – ein ökonomischer Selbstmordversuch – geriet das Volk in Not und Elend von einem Ausmaß, das nicht annähernd mit den sozialen Schwierigkeiten in den anderen Ostblockstaaten vergleichbar war. Gleichzeitig begann man mit ehrgeizigen, ja größenwahnsinnigen Projekten, wie etwa dem 1984 in Angriff genommenen «Haus des Volkes», einem Bauwerk, dessen Errichtung Ceaușescu persönlich betreute – nach dem Pentagon das zweitgrößte Gebäude der Welt.

Indessen versuchte der Staat, Elend und Unfreiheit seiner Bürger juristisch zu legitimieren. Es hagelte geradezu Dekrete, Verordnungen, Beschlüsse und Gesetze, die einschneidende Änderungen im Alltag nach sich zogen und alle ein und dieselbe Unterschrift trugen. Durch das Leben der Menschen zog sich eine Kette staatlicher Einmischungen ins Privatleben.

Das fing mit der Geburt an, Verhütungsmittel jeder Art waren verboten. Das «sozialistische Familienmodell» erwartete vier Kinder von einem Ehepaar, unabhängig davon, ob entsprechende soziale Voraussetzungen vorhanden waren. So entstand der Begriff «Dekretkinder». Mit dem Gesetz über die «Beteiligung der Werktätigen aus den staatlichen Wirtschaftseinheiten an der Schaffung des Fonds für ökonomische Entwicklung», einer als freiwillige Verpflichtung getarnten Beschneidung des Gehalts, griff der Staat ins Portemonnaie der Bürger und machte nicht einmal vor dem Suppenteller halt. Mit dem «Beschluss zur wissenschaftlichen Ernährung der Bevölkerung» befahl das Regime seinem Volk eine als wohltuend propagierte Diät. Tatsächlich wurde die Lebensmittelversorgung durch diese Rationierung fast auf Kriegsniveau abgesenkt. Pro Monat und Person waren es ein Kilo Zucker, ein halber Liter Speiseöl, anderthalb Kilo Mehl, 100 Gramm Butter, zehn Eier, 3,5 Kilo Kartoffeln usw.

In den halb leeren Geschäften konnte man nach langem Schlangestehen nur das Allernotwendigste, oftmals auch nur trockenes Brot und Magermilch kaufen, das Nationalgericht «Mititei», im Normalfall gegrillte Hackfleischröllchen, enthielt immer weniger Fleisch. Später gab es nur eine Fleischsorte: Schweinefüße, die man als «Adidas» verhöhnte. Importwaren gab es, wenn überhaupt, nur aus den Ländern, in denen diese von Rumänien billig eingekauft werden konnten. So zierten in den Geschäften eine Zeit lang chinesische Shampoos, chinesischer Weinbrand sowie albanische Zigaretten die gähnend leeren Regale. Die alltäglichen Demütigungen im Konsumbereich spiegelten sich hier, ähnlich wie in Polen oder der Sowjetunion, im Volkshumor wider. Ein typischer Witz jener Zeit: Die zerstreute rumänische Hausfrau steht mit einer leeren Einkaufstasche vor der Tür ihrer Wohnung und fragt sich: «Wollte ich gerade einkaufen gehen, oder bin ich schon zurück?»

DIE NATIONALE DESPOTIE – WIDERSTANDSVERSUCHE

Mittels einer der üblichen Verordnungen konnten die Temperaturen der Fernheizungen in Rumänien auf ein Minimum reduziert werden, sodass die Zimmertemperatur im Winter auf zwölf Grad sank. Richtig «aufgeheizt» war lediglich die offizielle Propaganda mit ihrem extrem intoleranten Nationalismus, dessen Schärfe sich gegen die zwei größten Minderheiten – die Ungarn und die Deutschen – richtete. Neben der massenhaften Abwanderung von Banater Schwaben und Siebenbürger Sachsen sorgte das System dafür, dass vor allem das intellektuelle Milieu verschwand.

Es ist geradezu verwunderlich, dass es auf der öden Bühne des öffentlichen Lebens Akteure gab, die bereit waren, die Rolle des Widerständlers zu übernehmen. Dafür brauchte man in Rumänien eine verzweifelte körperliche und geistige Risikobereitschaft und sehr viel Mut. Die Methoden der Dissidentenverfolgung in der Ära Ceauşescu waren vielfältig und ausgeklügelt. Außer schikanösen Vorladungen «zur Klärung eines Sachverhalts» und gelegentlichen, immer seltener werdenden politischen Prozessen konnte man hier in psychiatrische Anstalten eingewiesen oder auf offener Straße von gedungenen Schlägertrupps verprügelt werden. Auch MorDDRohungen standen auf der Tagesordnung, und es mangelte nicht an mysteriösen Autounfällen. Manche Protestbewegungen, so zum Beispiel der Bergarbeiterstreik im Schiltal 1977, endeten mit dem spurlosen Verschwinden der Organisatoren. Die Geheimpolizei Securitate agierte wie ein Staat im Staate, konnte durch Drohung und Erpressung Hunderttausende Bürger, unter ihnen auch führende Intellektuelle, zu Spitzeln machen, konnte Freundschaften, Liebesbeziehungen, ganze Biografien vernichten. Sie schuf über die unmittelbar Verfolgten hinaus ein Klima der Rechtsunsicherheit und politischen Hysterie. Und weil man hinter jeder neuen restriktiven Maßnahme, hinter jeder Demütigung und Einschüchterung das schmale, farblose Gesicht des Conducators mit dem sauren Lächeln erblickte, gestaltete sich das Verhältnis zwischen ihm und der Nation allmählich zu einem Psychodrama, in dem sich offene Anbetung und geheimer Hass die Waage hielten.

Besonders hart von Repressalien betroffen waren die beiden größten nationalen Minderheiten – Deutsche und Ungarn. Hier zeigte sich auch relativ früh der Widerstand einer kleinen intellektuellen Gruppe um Richard Wagner, Herta Müller, Rolf Bossert, Gerhard Csejka, Helmut Frauendorfer und William Totok. Nach einigen Jahren zähneknirschender Tolerierung begannen die Behörden eine regelrechte Jagd auf die «Rädelsführer» mit Haussuchungen, Verhaftungen und Publikationsverboten. Die Gruppe wurde bereits 1975 zerschlagen, und fast alle Protagonisten der rumäniendeutschen Literatur, dieses einzigartigen europäischen Phänomens, landeten früher oder später in der Bundesrepublik Deutschland. Das Austrocknen der rumäniendeutschen Literatur ging mit dem Exodus der realen und potenziellen Leserschaft einher: In den Achtzigerjahren verließen fast 100 000 Banater Schwaben und Siebenbürger Sachsen Ceauşescus Reich. Neben dem direkten Profit – Bonn zahlte im Durchschnitt 11 000 DM «Kopfgeld» pro Person – erhofften sich die Machthaber von der Auswanderung eine allmähliche Homogenisierung der sogenannten «zusammenwohnenden Nationalitäten».

Als größtes Hindernis auf diesem Weg erwies sich die zwei Millionen starke magyarische Minorität. Der ungarisch-rumänische Beitrag zur Oppositionsbewegung wurde vor allem in der Samisdat-Zeitschrift *Ellenpontok* (= Kontrapunkte) geleistet. Die insgesamt neun Ausgaben dieses in Oradea 1983 erschienenen Journals im Umfang von 50–70 Seiten enthielten außer kritischen Informationen über das Leben der ungarischen Minderheit auch Schilderungen der sozialen und politischen Lage der rumänischen Mehrheit. Die Geheimpolizei mischte sich schnell ein, und alle Redakteure sahen sich durch die üblichen Schikanen schon bald zur Auswanderung gezwungen.

Frühe sowjetische Einsichten

Selbstverständlich bereiteten die Verbündeten mit ihren unterschiedlichen und doch gleichermaßen chronischen Problemen dem Kreml viel Kopfzerbrechen. Gleichzeitig litten die sowjetische Wirtschaft und Gesellschaft selbst unter krisenhaften Zuständen, die man mit den bisherigen Mitteln nicht beheben und immer schlechter kaschieren konnte.

Eine der Koryphäen der sowjetischen Medizin, der Chirurg Fjodor Uglow, hielt im Jahr 1981 im ukrainischen Dserschinsk einen Vortrag über das Thema Trunksucht. Er begann seine Rede, wie es damals üblich war, mit dem Lob der weisen Politik der Partei und zitierte in gewohnter Weise den Generalsekretär Leonid. In allem anderen aber schockierte der hoch gelobte Mediziner mit seinem Beitrag die Hörerschaft. Uglow war ein Gesundheitsfanatiker, ihm war der Spruch zu eigen: «Gewöhnen Sie sich das Saufen und Rauchen ab, sonst nützen Ihnen keine anderen Ratschläge.» Als habe er seine Prinzipien unter Beweis stellen wollen, brachte er es tatsächlich auf eine Lebenszeit von stolzen 104 Jahren (1904–2008). Zunächst aber analysierte er Russlands chronische Krankheit, den Alkoholismus, und nannte Zahlen, die zu den bestgehüteten Geheimnissen des sowjetischen Staates gehörten. Dementsprechend sollte die Alkohol-produktion zwischen 1936 und 1970 um 157 Prozent, bis 1975 weiter auf 214 Prozent, bis 1976 gar um 327 Prozent angewachsen sein. Zwar spülte das Alkoholmonopol in den Siebzigerjahren jährlich 20 Milliarden und in den Achtzigerjahren 40 Milliarden Rubel in die Staatskassen, die Kosten durch alkoholbedingte Produktionsausfälle und Krankheiten übertrafen diese Zahl jedoch bei Weitem. Kein Wunder, dass Uglows Analyse unver-öffentlicht blieb und nur über einige illegale Abschriften aus dem sibiri-schen Wissenschaftszentrum Akademgorodok Verbreitung fand.

Diese noch zu Chruschtschows Zeiten als Prestigeobjekt erbaute Sied-lung am Rande von Nowosibirsk galt als geheime Hauptstadt der aufge-klärten Funktionäre und der wissenschaftlichen Elite. Dort arbeitete ein hochkarätiges Team um die Ökonomen Tatjana Saslawskaja und Abel Aganbegjan. Sie bemerkten als Erste, dass die Stagnation der sowjetischen Wirtschaft, die 1966 noch ein Bruttoinlandsprodukt von 7,2 Prozent auf-zuweisen hatte, 1985 gar nur noch von 3,2 Prozent, nicht zuletzt auf die lähmende Kommandowirtschaft zurückzuführen war. Besonders unge-sund entwickelte sich der sowjetische Export – er bestand aus immer mehr Rohstoffen und Energie und immer weniger aus Maschinen und fertigen Produkten. Auf dem Agrarsektor war die Lage besonders dramatisch. Während die UdSSR 6,4-mal so viele Traktoren und 16-mal mehr Mäh-drescher als die USA produzierte, lag die Getreideproduktion um 1,4 Pro-zent unter jener der führenden Macht der kapitalistischen Welt. Dies war zwar aus der quantitativen Sicht der planenden Zentren ein Erfolg, im Grunde aber bezeugte das Phänomen die katastrophale technische Quali-tät der Maschinenproduktion.

Die Reformer aus Sibirien stellten aber nicht nur eine Diagnose, son-dern erhoben auch für diese Zeit sehr radikale Forderungen: mehr Selbst-ständigkeit für die Betriebe, Ausdehnung des Handels und der Rolle des Marktes, Annäherung der Waren- und Finanzwirtschaft an rationale Kri-terien. Als Vorbild dachten sie nicht unbedingt an die hoch entwickelten Länder des kapitalistischen Westens, sondern eher an Staaten innerhalb der «sozialistischen Gemeinschaft», die bestimmte Probleme besser gelöst hatten – beispielsweise durch Beibehaltung oder Wiedereinführung der bäuerlichen Gartenwirtschaft. Tatjana Saslawskaja orientierte sich in vie-lem am ungarischen Modell. So fiel ihr auf, dass in ungarischen Läden Plastiktüten zur Verfügung standen, während der Sowjetbürger in den großen Supermärkten seine eigene Tasche an der Garderobe abzugeben hatte und die Waren unter dem Arm oder bestenfalls in Zeitungspapier verpackt zur Kasse tragen musste. Die Demütigung der Bürger im Konsumbereich war besonders in der Lebensmittelversorgung eklatant, sodass die langen, geduldigen Schlangen im Verlauf der Achtzigerjahre immer mehr zu gereizten, ungeordneten Menschentrauben wurden. Der Unmut richtete sich zumeist gegen die sichtbar Privilegierten. In einem Provinzladen sah der Autor dieser Zeilen eine für die Zeit typische Auseinandersetzung: Ein Alter versuchte außerhalb der Schlange seinen Einkauf zu tätigen und argumentierte damit – rein formal gesehen zu Recht –, er sei kriegsversehrt. Daraufhin hörte man aus der Menge die bissige Bemerkung: «Wir sind alle kriegsversehrt (wsje my inwalidy).»

Der heisse und der kalte Krieg – Moskaus Vietnam

Eine besondere Belastung für die ohnehin geschwächte und rüstungsorientierte Wirtschaft bedeutete der seit Ende 1979 geführte Krieg in Afghanistan. Um das künstlich geschaffene sozialistische System am Hindukusch zu erhalten und einem möglichen Terraingewinn der USA vorzubeugen, beschloss Moskau die Entsendung eines «begrenzten Truppenkontingents». Das waren in zehn Jahren insgesamt 500 000 Soldaten. Indessen forderte das Gemetzel zwischen Regierungstruppen und Mudschaheddin Hunderttausende von Opfern und erzeugte Millionen Flüchtlinge. Kabuls sowjetischer Patron ließ sich die «internationalistische Hilfeleistung» gegenüber den eigenen Marionetten jährlich drei bis fünf Milliarden Rubel kosten. Stärkere Auswirkungen jedoch hatte die Tatsache, dass mehr als 13 000 Sowjetsoldaten in Afghanistan ums Leben kamen. Die Zinksärge der Gefallenen wurden Familienangehörigen unter strengster Geheimhaltung zugestellt, und obwohl es ausdrücklich verboten war, in den Traueranzeigen und Grabinschriften den Ort des Todes anzugeben, wurde den Menschen der hohe Preis des Engagements am Hindukusch immer stärker bewusst.

Doch mehr Sorgen als die Trauer um die Gefallenen bereitete die Rückkehr und Integration von 54 000 lebenden, teilweise verstümmelten, schwer traumatisierten Verwundeten in die friedliche und dank der Zensur weitgehend nichtsahnende sowjetische Gesellschaft.

Zudem verschlechterte der Krieg die ohnehin komplizierten Beziehungen zu den Vereinigten Staaten, dessen Präsident Ronald Reagan die Sowjetunion in einer Rede 1983 als «Reich des Bösen» bezeichnete – ein gewichtiges Argument in der psychologischen Kriegsführung. Gegen diesen Feind erlaubte sich der US-Präsident sogar den witzig gemeinten Fauxpas, während einer Mikrofon-Sprechprobe einige anrüchige Sätze fallen zu lassen, die sofort an die Öffentlichkeit gelangten.

Das Wegsterben der Führer

Symbolhaft für das marode und kranke System waren die dramatischen Wachablösungen an der Machtspitze Anfang der Achtzigerjahre. Der Chefarzt des Kremlkrankenhauses, Jewgenij Tschasow, diagnostizierte bereits 1976 bei Breschnew «einen unzurechnungsfähigen asthenischen Zustand aufgrund der übertriebenen Einnahme von starken Beruhigungsmitteln» und fügte in seinen Memoiren hinzu: «Breschnews Handlungsunfähigkeit als Führer und politischer ‹leader› des Landes und damit auch die beginnende Krise der Partei und des Landes (…) ich weiß nicht mehr, wie viele offizielle Informationen über Breschnews Gesundheitszustand wir in seinen letzten 6–7 Lebensjahren an das Politbüro geschickt haben. (…) Niemand von den Mitgliedern des Politbüros zeigte auch nur ein minimales Interesse an diesen Informationen.»

Ähnlich verhielt es sich mit Breschnews Nachfolger Jurij Andropow, der, so Tschasow, bereits bei seinem Amtsantritt an einer langjährigen chronischen Nierenkrankheit litt und in seinen verbleibenden anderthalb Jahren mit wöchentlich zwei Dialysetagen das Imperium lenkte. Eine Nierentransplantation, wie ursprünglich vom KGB geplant, bewertete ein Konsilium sowjetischer Ärzte unter Beteiligung des amerikanischen Nephrologen Professor Rubin als hoffnungslos.

Dabei hatte Andropow ehrgeizige Pläne zur Modernisierung von Wirtschaft und Gesellschaft und leitete eine Kampagne zur Bekämpfung der weit verzweigten Korruption ein, insbesondere in den zentralasiatischen Sowjetrepubliken. Neben der Enthüllung der sogenannten «Baumwollaffäre» in Usbekistan, einer beinahe massenhaften Mafiawirtschaft unter Beteiligung von großen Teilen des Parteiapparats, ließ er ein Verfahren gegen Moskauer Machenschaften anstrengen, deren Fäden bis zur Familie scines Vorgängers reichten. Als die ersten Ermittlungsergebnisse im Kreml eintrafen, lag jedoch der Auftraggeber bereits auf dem Sterbebett. Der letzte Kremlchef aus der alten Generation, Konstantin Tschernenko, war bereits im ersten Moment seines Amtsantritts arbeitsunfähig. Er litt an chronischem Asthma und rang buchstäblich um Atem. Sein einjähriger Aufenthalt im Kreml erwies sich als Zustand der fortgesetzten Agonie und war für den kranken Generalsekretär eine einzige Quälerei. Vor allem fürchteten sich seine Mitarbeiter vor protokollarischen Ereignissen. Besonders peinlich war die Begegnung mit dem spanischen Königspaar im Mai 1984, das Tschernenko im prächtigen Wladimirsaal empfangen sollte, um sie dann zum Mittagsmahl in den Granitpalast hinüberzugeleiten. Juan Carlos I. und Königin Sofia warteten auf die Gastgeber. Tschernenko und seine Begleitung kamen ihnen in dem großen Saal im Schneckentempo entgegen, und jedes Mal, wenn der KP-Führer um Atem rang, mussten alle stehen bleiben. Tschernenko war übrigens der erste (und letzte) Führer der Supermacht, der gerne bereit gewesen wäre, aufgrund seiner gesundheitlichen Probleme zurückzutreten. Am 9. Januar 1985 sagte er seinen Mitarbeitern in Anwesenheit von Dr. Tschasow, er wolle gern abdanken. Die Mitglieder des Politbüros protestierten unisono: «Wozu diese Eile? Man muss ihn sich ein bisschen kurieren lassen, das ist alles.» Zwei Monate später war Tschernenko tot.

Das wiederholte Ableben von vergreisten Kadern in der Sowjetunion bewirkte eine moralische Abnutzung der immer wieder dramatisch verkündeten Trauernachrichten. Hatten die Leute 1953 noch mit tumultartigen, hysterischen Ausbrüchen auf Stalins Tod reagiert, so erlebten sie die sichtbare körperliche Schwäche ihrer Führer und die monoton gewordene pathetische Zeremonie ihres letzten Geleits auf dem Bildschirm eher als etwas Groteskes, Unseriöses, das dem Ruf ihrer Heimat schadete.

Warten auf Godot

Die Führungskrise war unverkennbar – dennoch ließ man sich viel Zeit bei der Suche nach einer Lösung. Der hohe Funktionär Georgij Schachnasarow erinnerte sich später an die entscheidenden Monate vor Tschernenkos Tod wie folgt: «Die Vorstellung, die Zeit sei für eine radikale Wende so weit herangereift, dass das Land wie eine Frau gegen Ende des neunten Schwangerschaftsmonats unbedingt hätte niederkommen müssen, ist naiv. (...) Zunächst setzte ein unmerklicher Niedergang ein, bevor es rapide bergab ging. (...) Es handelte sich jedoch noch nicht um ein offenes Feuer, sondern um einen Schwelbrand. Die Vorräte an natürlichen Rohstoffen und an menschlicher Geduld hätten noch für lange Zeit ausgereicht.» Er erzählte auch, wie er im engen Familienkreis immer häufiger von jenem jüngeren und arbeitsfähigen Kader sprach, der diesem Hinsiechen ein Ende bereiten würde: Michail Gorbatschows allmählicher Aufstieg erweckte die Hoffnung, dass auf dem «Alten Platz» bald ein neuer Kopf erscheinen könnte, dass ein frischer Wind die vermoderte Luft reinigen und gesegnete Zeiten folgen würden. «Bei uns in der Familie taufte man diese Hoffnung aus konspirativen Gründen, frei nach Beckett, *Warten auf Godot*.» Und Godot-Gorbatschow war bereits unterwegs.

III.
DER GORBATSCHOW-MOMENT
(1985–1988)

> Wird ein Epoche beerdigt,
> Tönt kein Psalm übers Grab.
> Brennnesseln, Disteln
> Werden den Hügel verzieren.
> Den Totengräbern im Zwielicht
> Geht's von der Hand. Und es eilt.
> Mein Gott, wie die Stille wächst.
> Man hört die Zeit vergehn.
>
> *Anna Achmatowa*

Wie ein Abschiedsgruß aus einer versunkenen Epoche wirkt heute der am 15. März 1985 in allen sowjetischen Zeitungen veröffentlichte offizielle Bericht über die Ergebnisse der Wahlen zum Obersten Sowjet, bei denen der kaum mehr bewegungsfähige Parteichef Konstantin Tschernenko kurz vor seinem Tod seinen Stimmzettel noch mit zitternden Händen in die Urne werfen konnte. An diesen letzten Wahlen beteiligten sich mehr als 185 Millionen Wähler, insgesamt 99,98 Prozent der Stimmberechtigten. 99,93 Prozent gaben ihre Stimme für die Einheitsliste des «Blocks der Kommunisten und Parteilosen» und demonstrierten damit – so hieß es im Bericht – «den echten Volkscharakter der Sowjets, die untrennbare Einheit und Freundschaft der Völker der UdSSR».

Als Tschernenko am 10. März verstarb, präsentierte der Oberste Sowjet bereits einen Tag später seinen neuen Generalsekretär, den 54 Jahre alten Michail Gorbatschow. Mit ihm kamen ein neuer Geist und Stil in die Arbeit des Politbüros, des höchsten Gremiums des Landes. Sowohl im Konferenzsaal als auch in dem für vertraulichere Gespräche bestimmten sogenannten Nussbaumzimmer sprach man immer häufiger ungeschminkt über die enormen Probleme des Riesenlandes.

Ursprünglich galt es, die Agenda von Gorbatschows Gönner Andropow nach der Übergangszeit des kraftlosen Tschernenko wieder in Angriff zu nehmen: Das ökonomische Wachstum sollte durch Modernisierung der Technik und Technologie angekurbelt werden (*Uskorenije* – Beschleunigung), die Führungsstrukturen wollte man funktionsfähiger gestalten (*Perestroika* – Umbau), und die Übersichtlichkeit sowohl der Probleme als auch deren Lösungsentscheidungen sollte erhöht werden (*Glasnost* – Transparenz). Um insbesondere die Produktionsdisziplin zu erhöhen, musste vor allem die bis in die höchsten Ebenen der Nomenklatur reichende Korruption ausgetrocknet werden.

Der lange Weg zur Abrüstung

Beginnend mit dem 11. März 1985, als ihn sein Berater Robert McFarlane um vier Uhr morgens mit der Nachricht vom Tode Tschernenkos aus dem Schlaf riss, stand die Person des Nachfolgers ständig im Mittelpunkt von Ronald Reagans Interesse. Im Vorfeld einer Begegnung mit Gorbatschow in Genf nur wenige Wochen später versuchte der Herr des Weißen Hauses, jede mögliche Information über seinen Gast und dessen Land zu bekommen. Er konsultierte seine Vorgänger Ford und Nixon sowie die legendären Politologen Zbigniew Brzeziński und Brent Scowcroft. Der Diplomat Oleg Grinewskij teilt in seinen Memoiren über die Haltung der amerikanischen Seite Kurioses mit: «Der Höhepunkt der Vorbereitungen war eine Art Generalprobe im Weißen Haus, bei der Jack Matlock, der Experte für nationale Sicherheit, die Rolle des sowjetischen Führers spielen sollte. Indem er Gorbatschow nachahmte, dessen Stil und Manieren bei einem möglichen Diskurs, versuchte er auch die sowjetische Argumentationslinie vorauszusagen und sprach Russisch, während ein Dolmetscher seine Worte für Reagan ins Englische übersetzte.»

Ob nun auch Gorbatschow sich Reagans Filme, etwa *Bombenerfolg* (1940), *Alter schützt vor Liebe nicht* (1950) oder *Tod eines Killers* (1964), angesehen hatte, um die Körpersprache seines Gegenübers zu studieren, bleibt dahingestellt. Jedenfalls kursierten in Moskau diesbezügliche Gerüchte.

Der amerikanische Präsident verstand, dass das Gipfeltreffen in Genf, von der sich keine Seite einen Durchbruch erhoffen konnte – «dafür waren die Positionen zu lange erstarrt und das Vertrauen zu dünn» –, nicht so sehr ein politisches Faktum als eher ein Medienereignis sein würde. Er ging davon aus, dass das Spiel vor den Kulissen diesmal fast ebenso wichtig sein würde wie das dahinter. Und dabei hatte Gorbatschow den Vorteil, den ein plötzlich auftauchender munterer Laienschauspieler mitunter gegenüber einem alternden, etwas verbrauchten Bühnenstar haben kann. Präsident Reagan wusste auch aus einem entsprechenden CIA-Bericht, dass in einem nuklearen Krieg mit der Sowjetunion etwa 150 Millionen Amerikaner ums Leben kämen. Das von Edward Teller erdichtete und nicht von allen Militärs begrüßte Projekt «Sternenkrieg» versprach, wenn überhaupt, erst in zwanzig Jahren einen effektiven Schutzschild. Dafür war das Leben zu kurz, die Wahlperioden noch kürzer – Erfolg war dringend vonnöten. Aber auch Gorbatschow hatte keine Illusionen über den Ausgang einer Konfrontation mit den USA. Die Existenz der Massenvernichtungswaffen und deren technische Perfektion hatten Begriffe wie Verteidigungs- oder Angriffskrieg weitgehend relativiert und die Wahrscheinlichkeit eines Zusammenstoßes so gut wie ausgeschlossen, da es kaum möglich sein würde, diesen im Rahmen einer konventionellen Kriegsführung zu belassen. Die Absurdität weiterer gegenseitigen Aufrüstens lag auf der Hand, musste jedoch auch von beiden Seiten, sozusagen offiziell, eingesehen werden.

Der Ort, an dem die Einsicht zur Sprache kam, hieß Reykjavík, eine kleinstädtische Metropole mit damals 87 000 Einwohnern, in deren Infrastruktur ein derartiges Ereignis nicht vorgesehen war. Die mehr als 300 Mitglieder starke sowjetische Delegation – Diplomaten, Militärs und Journalisten – wohnte auf dem Schiff «Georg Ots», die kleinere amerikanische Abordnung mietete das Hotel Holt in der Innenstadt. Der sowjetische Journalist Alexander Bowin schilderte seine Eindrücke wie folgt: «Island ist ein wundervolles Land. Sie haben keine Armee. Im städtischen Gefängnis gibt es insgesamt sieben Plätze. (...) Obst, Gemüse und Blumen gibt es mehr als in ganz Moskau. Angesichts der ungewöhnlichen Besuchermasse wandten sich das Fernsehen, der Rundfunk und die Zeitungen an die Bewohner der Hauptstadt mit der Bitte, ein paar Tage lang am Abend nicht in die Restaurants zu gehen: Die Gäste wollten sich erfrischen, und es gebe wenige Restaurants. Es hat gewirkt. Ich war in drei Restaurants und habe keinen einzigen Isländer getroffen.»

Für die Pressekonferenzen nutzte man das Kino Haskolabio im Studentenviertel.

Ort der Verhandlungen war Hofdi House an der Atlantikküste, das einstöckige Gästehaus, in dem früher die britische Botschaft residiert hatte. Angeblich hatten die Briten das Gebäude 1952 verkauft, weil dort nächtens Geister herumspukten. Dies bereitete der amerikanischen Seite offenbar kein Problem, vorausgesetzt, dass es sich dabei nicht um das berühmte Gespenst des Kommunismus handelte. Auch die sowjetischen KGB-Experten fanden den von fast allen Seiten mit Wasser umgebenen Ort sicher genug. Im Erdgeschoss verhandelten die beiden Chefs mit Dolmetschern und Protokollführern, in der ersten Etage saßen die Delegationen. Die Experten bearbeiteten die aus dem Erdgeschoss regelmäßig kommenden neuen Instruktionen und diskutierten die Details untereinander. Nach Beendigung des Tages kehrte Gorbatschow mit seiner Begleitung auf das Schiff zurück, während Reagan in der Residenz seines Botschafters Quartier nahm.

Ob und inwiefern die Verhandlungen in Reykjavík erfolgreich waren, darüber gehen die Meinungen bis heute auseinander. Tatsache ist, dass das sowjetische Verhandlungsziel – die Halbierung des Atompotenzials und die Vernichtung aller ballistischen Raketen innerhalb von zehn Jahren, also die sogenannte doppelte Nulloption – knapp verfehlt wurde, da Gorbatschow dieses mit dem Verzicht auf das «Sternenkriegsprogramm» SDI verband. Gleichzeitig war der Vorstoß bedeutsamer als alles, was je aus dem Kreml an Vorschlägen gekommen war, und diesem Umstand musste auch die US-Delegation Rechnung tragen. Während der ersten Lunchpause in einem, wie der damalige Außenminister George Shultz betonte, abhörsicheren Nebenraum des Botschaftsgebäudes sagte Shultz ehrlich begeistert: «Er hat uns Geschenke vor die Füße geworfen! Genauer, auf den Tisch – ein Zugeständnis nach dem anderen!» Reagan gab sich skeptisch: «Ich befürchte, er will einfach SDI killen.» Einig waren sie sich zunächst darin: Wenn die Russen solche Konzessionen machen, dann brauchte Gorbatschow dieses Abkommen äußerst dringend. Also nur keine Eile!

Am zweiten Verhandlungstag war der sowjetische Parteichef noch kompromissfreudiger: Er war bereit, einiges mehr an sowjetischen Mittelstreckenraketen aus dem Verkehr zu ziehen, als er dies von den Kontrahenten erwartete. Reagan blieb bei seiner Position, fragte jedoch mit besorgtem Gesicht: «Nicht wahr, wir werden mit leeren Händen wieder abreisen?» Darauf antwortete Gorbatschow: «Faktisch ja.» Reagan versuchte auf seine Art zu scherzen: «Ich kann mir vorstellen, dass wir uns wieder in

Reagan und Gorbatschow in Reykjavík:
«Nicht wahr, wir werden mit leeren Händen wieder abreisen?»

Island treffen, um in feierlicher Stimmung die letzte amerikanische und sowjetische Rakete zu vernichten. Ich werde schon so alt sein, dass Sie mich nicht mehr erkennen. Und Sie werden verwundert fragen: *Ist es möglich, Ron, dass du das bist? Was machst du hier?* Und dann feiern wir zu diesem Anlass ein großes Fest.» Gorbatschow antwortete mit ironischer Melancholie: «Ich weiß aber nicht, ob ich diesen Moment noch erleben werde.»

Dennoch war das Fiasko von Reykjavík ein anderes als das von Genf. Hatte man in der Schweiz noch versucht, einen Ausweg aus der langjährigen Sackgasse des Rüstungswahnsinns zu finden, so war man in Europas nördlichster Hauptstadt bereits ein paar Schritte auf diesem Weg gegangen. Schließlich konnte im Dezember 1987 bei Gorbatschows Besuch in Washington das Versäumte nachgeholt werden. Der Sowjetführer verzichtete diesmal auf sein Steckenpferd, die Amerikaner von der SDI abzubringen. So konnte das Abkommen über den Raketenabzug in Europa geschlossen werden. Für Reagan bedeutete dies einen würdevollen Abschluss seiner Präsidentschaft, den er auch gebührend feierte. Beim abendlichen Empfang im Weißen Haus, so lesen wir bei Iwan Gratschow, saß am Klavier kein Geringerer als Van Cliburn, Gewinner des Tschaikowski-Wettbewerbs in Moskau 1958. Als der Maestro den Schlager *Moskauer Nächte* spielte, sangen oder summten alle mit: «Wenn es Abend wird in der gro-

57

ßen Stadt, / wenn die ersten Lichter erglühn, / ja dann denke ich / noch so oft daran, / wie es einst mit uns zwein begann.» Mithilfe von Gorbatschows warmem Bariton fand der Rüstungswettbewerb von mehr als 40 Jahren einen wahrhaft hollywoodschen Abschiedsakkord. Jedenfalls war eine der Supermächte aus dem Spiel ausgestiegen.

DIE ANTIALKOHOL-KAMPAGNE

Gorbatschows erster wirklicher Vorstoß war jedoch innenpolitischer Natur. Der Anfang Mai 1985 gestartete Feldzug gegen die Trunksucht erwies sich als die letzte groß angelegte politische Kampagne der sowjetischen Geschichte. Einerseits beschränkte man den Verkauf alkoholischer Getränke auf die Zeitspanne zwischen 11 und 19 Uhr. Andererseits wurde die Menge auf eine Literflasche pro Einkauf begrenzt, für Hochzeiten durften maximal zehn Liter gekauft werden. Auf diese Weise gelang es, den Konsum um ein Viertel zu verringern, und eine Reihe von Schnaps- und Likördestillerien sowie Verkaufsstellen wurden geschlossen. Diese Maßnahmen brachten in den ersten zweieinhalb Jahren eindrucksvolle Erfolge mit sich: eine Senkung der Sterblichkeit, darunter die Halbierung der Todesfälle aufgrund von Alkoholvergiftung, eine Erhöhung der Geburtenrate, die Steigerung der Arbeitsproduktivität, ein Anwachsen der Sparguthaben usw. Doch wie jede sowjetische Kampagne in der Geschichte war auch diese in den Erwartungen heftig überzogen. Insbesondere Jegor Ligatschow, damals die Nummer zwei in der KP-Führung, forderte keine Mäßigung, sondern die radikale Ausrottung des Alkoholkonsums. Er wollte sogar die historische Vinothek Massandra auf der Krim vernichten. Erst durch eine Intervention bei Gorbatschow konnte dieses Vorhaben gestoppt werden. Betriebsdirektoren und Parteifunktionäre wurden wegen eines kleinen Umtrunks gefeuert, und man propagierte «Komsomolzen-Eheschließungen» mit Fruchtsaft. Selbst ältere Filme wurden auf Trinkszenen überprüft. Der Grundfehler lag jedoch im Konzept selbst: Trotz der Warnung von Bajbakow, dem Chef des Planamtes, hatte man nicht bedacht, dass Alkohol 24 Prozent des gesamten Warenverkehrs und 12 Prozent der staatlichen Einnahmen ausmachte. Der jährliche Verlust von Milliarden Rubeln im Staatsbudget wurde bald spürbar. Ähnlich wie die Prohibition der Zwanzigerjahre in den USA ließ auch diese Maßnahme das

Nüchternheit – Norm des Lebens. Statt Trinken werden Besuch im Kino, Theater, Klub, Park und Museum empfohlen. Propagandaslogan auf einer Briefmarke im Wert von fünf Kopeken. Der Kampf gegen die Trunksucht war begründet, die Mittel passten nicht, was zum Scheitern der Kampagne führte

Schwarzbrennen erblühen, und die Lebensmittelschlangen wurden in ihrer Länge bald von den langen Reihen vor den Getränkeabteilungen der Läden übertroffen. Das gemeine Volk machte für alles Gorbatschow verantwortlich und versah ihn mit spöttischen Spitznamen wie «Mineralsekretär» oder «Limonaden-Joe». Mit der Zeit ließ der offizielle Eifer bei der Verkündigung der allgemeinen Nüchternheit jedoch nach.

SCHWERE ANFÄNGE

Die Antialkohol-Kampagne zeigte, dass trotz der neuen Ansätze in der sowjetischen Führung die alten Methoden und Denkweisen vorherrschten. Man glaubte daran, dass richtig gemeinte Entscheidungen, konsequent durchgeführt, zum erwarteten Erfolg führen würden. Aus diesem Denken heraus wurden im Mai 1985 die Löhne der wissenschaftlichen Mitarbeiter, Ingenieure und Techniker pauschal um 50 Prozent erhöht, um so der These «Wissenschaft ist Produktivkraft» Nachdruck zu verleihen. Im August 1985 wurden die Löhne von Betriebsangestellten in Abhängigkeit zu einer nicht näher definierten Produktivität gebracht. Ganz im Sinne des alten Plandenkens beschloss man im Oktober 1985 die Erhöhung der Produktion von Lebensmitteln und Dienstleistungen um 30 Prozent bis 1990 und um 80 – 90 Prozent bis zum Jahre 2000. Der Parteichef selbst versprach unter anderem, den Mangel an Kinderkrippen im Rahmen des 12. Fünfjahrplans (1985–1990) gänzlich zu beheben.

Dennoch reifte allmählich im engsten Machtkreis sowie bei den Beratern die Einsicht, dass die gewaltigen Herausforderungen nicht mehr mit den gewohnten Mitteln bewältigt werden konnten. Diese Einsicht wurde auch durch die Rundreisen der Parteiführer durch das Land gefestigt. Sie fuhren unter anderem nach Leningrad, Kiew, Dnjepropetrowsk, Minsk, in das sibirische Tjumen und das kasachische Zelinograd. Diese Exkursionen sollten ursprünglich die Volksnähe der Spitzenfunktionäre signalisieren, als Nebeneffekt trugen sie jedoch trotz Leibwächtern und beschönigender Berichte der lokalen Funktionäre zum wachsenden Problembewusstsein der Führung bei.

Einige Reiseziele, besonders in den zentralasiatischen Republiken, gehörten zu den Problemzentren des Sowjetlandes: Die alte lokale Elite hatte nach jahrzehntelanger Machtausübung fast feudale Herrschaftsformen angenommen und eine beispiellose Günstlingswirtschaft entwickelt. Nun begann der Staatsanwalt für besondere Angelegenheiten, der Armenier Telman Gldjan, seine Ermittlungen gegen die Baumwollmafia in Turkmenistan und entdeckte dort Seilschaften, die bis in die höchsten Zirkel der Macht reichten. Die von Andropow in Angriff genommenen Säuberungen wurden von Gorbatschow fortgesetzt, teilweise auch, um die Lokalfürsten der Ära Breschnew endlich loszuwerden. Die Ergebnisse waren schockierend: Führende Parteisekretäre, Staatsbeamte und Polizisten entpuppten sich massenhaft als korrupt. Mit Geld, leichter noch für Gold konnte man selbst rechtskräftig verurteilte Schwerverbrecher freikaufen.

LÜCKEN IN DER RECHTSSICHERHEIT

Doch andere Formen der Kriminalität bereiteten noch größere Sorgen, wobei die Statistik lediglich eine quantitative Verschlechterung der Lage zeigte. Zwischen 1983 und 1987 registrierte man einen Zuwachs an Kriminalität um 18 Prozent – sicherlich eine Folge der Desintegration und moralischen Erosion der Gesellschaft. Für die ohnehin unmündigen Bürger bedeutete dies das Gefühl der Rechtsunsicherheit, Bedrohung und Unfähigkeit der Behörden, sie vor der Unterwelt in Schutz zu nehmen. So lebten die Einwohner der ukrainischen Bergwerksstadt Schachti die ganzen Achtzigerjahre hindurch in panischer Angst von einem Serienmörder. Erst 1990 wurde der Mann gefasst und verurteilt, nachdem ihm 53 Vergewaltigungen und Mordtaten an jungen Frauen und Kindern nachgewiesen werden konnten. Besonders furchtbar an der Affäre Andrej Tschikatilo war die Tatsache, dass er für sein Umfeld jahrelang als «netter Nachbar» galt. Der Mörder war Diplomphilologe, Lehrer, verheiratet, Vater von zwei bereits erwachsenen Kindern und nicht zuletzt Mitglied der KPdSU, aus der er nach 24 Jahren Mitgliedschaft wegen eines einfachen Diebstahls ausgeschlossen worden war. Die Ermittlungen waren durch die Art und Weise, mit der die sowjetischen Medien das Thema Kriminalität bis in die zweite Hälfte der Achtzigerjahre behandelten bzw. möglichst verschwiegen, wesentlich erschwert worden. Es galt die Auffassung, kriminelle Machenschaften, vor allem Schwerverbrechen, seien ein für das Land des «hoch entwickelten Sozialismus» untypisches Phänomen.

Nach und nach drangen die Nachrichten über die alarmierenden Zustände des Alltags sowie ungeschminkte Informationen über die wirtschaftliche Lage in den Sitzungssaal des Politbüros. Dabei wollten sich vor allem die älteren Kader am liebsten mit Fragen ideologischer Art befassen – etwa damit, ob in die Rede des Generalsekretärs auf dem bevorstehenden XXVII. Parteitag der KPdSU eher der Begriff «sozialistische Selbstverwaltung» oder lieber «sozialistische Demokratie» aufgenommen werden sollte (Politbürositzung vom 23. Januar 1986). Dieses beinahe esoterische Denken irritierte Gorbatschow, der überraschenderweise die Privilegien der Oberschicht zu kritisieren begann: «Das Leben ist das Leben. Und, nebenbei gesagt, wir müssen bei uns selbst anfangen: Die Chefs auf allen Ebenen verfügen über ihre eigenen Versorgungskanäle. Ihre Gattinnen besuchen keine gewöhnlichen Läden mehr. In jedem Bezirk und jeder Stadt gibt es geschlossene Verteilungszentren voller Importwaren. Wir sind selbst schuld. Vielleicht sind wir sogar auf kriminelle Wege geraten …» Aber die Stunde der Wahrheit ließ noch lange auf sich warten, und den schrecklichen Preis für das Nichtwissen oder Nichtwissenwollen der politischen Elite zahlte das Volk. Der Preis hieß: Tschernobyl.

An den Anruf am frühen Morgen auf der Datscha erinnerte sich Gorbatschow 20 Jahre später: «Man teilte mir mit, dass es im Tschernobyler Atomkraftwerk zu einer ernsthaften Havarie und einem Brand gekommen sein soll, aber dass der Reaktor unversehrt geblieben sei. Meine erste Reaktion war Unverständnis: Wie konnte so etwas passieren? Die Wissenschaftler haben uns, den Führern des Landes, doch versichert, dass der Reaktor absolut ungefährlich sei. Das Akademiemitglied Alexandrow zum Beispiel hatte behauptet, den Hochleistungsreaktor könnten wir gleich auf den Roten Platz stellen, es gehe nicht mehr Gefahr von ihm aus als von einem Samowar.»

Die Explosion in Block 4 des Kernkraftwerkes in der Nähe von Tschernobyl ereignete sich am 26. April 1986 kurz vor halb zwei Uhr nachts. Die enorme Explosion, bei der 500-mal mehr Radioaktivität freigesetzt wurde als in Hiroshima, war teils auf menschliches Versagen, teils auf Konstruktionsfehler des zwei Jahre vorher in Betrieb genommenen Reaktors zurückzuführen. Eigentlich sollte der Reaktor aufgrund technischer Mängel ausgeschaltet und repariert werden. Die sowjetischen Medien verschwiegen zunächst das Geschehene. Erst nachdem schwedische Kernphysiker am 28. April um 9 Uhr in ihrem Laboratorium erhöhte Strahlenwerte erfassten, diese als «östlich von Schweden kommend» orteten und die westlichen Sender die Neuigkeit in die Welt verbreiteten, hielt die Nachrichtensendung «Wremja» es für angebracht, um 21 Uhr am Abend desselben Tages die wortkarge TASS-Mitteilung zu verlesen: «Im Atomkraftwerk von Tschernobyl geschah eine Havarie, einer der Atomreaktoren ist beschädigt. Es werden Maßnahmen ergriffen, um die Folgen der Havarie zu beseitigen. Den Leidtragenden wird Hilfe geleistet.» Dass es sich um eine Explosion sowie Freisetzung von Radioaktivität handelte und dass es bereits die ersten Todesfälle gab, blieb unerwähnt. Heute fällt uns an diesem Text noch etwas auf: Die vollständige Bezeichnung des größten sowjetischen AKWs, «Tschernobyler W.-I.-Lenin-Atomkraftwerk», wurde verkürzt. Offensichtlich wollte man die bereits sichtbar gewordene Katastrophe nicht mit dem Namen des Gründers des Sowjetstaates verbinden.

Aus heute zugänglichen Geheimdokumenten lässt sich der Schock der sowjetischen Führung ablesen. Außer der aktuellen Notlage quälte sie die Frage: Wie sollte eine Nachricht von dieser Tragweite überhaupt dem eigenen Volk und der bereits besser informierten übrigen Welt mitgeteilt werden? Dabei waren sich die Parteiführer dessen bewusst, dass die bisherige Praxis, die Tatsachen schlicht zu leugnen, in Zeiten moderner Kommunikationsmöglichkeiten zu nichts führte. Außerdem erhielten auch sie die Informationen zu spät, oder diese waren ungenau, was ein schnelles Handeln verhinderte. Die späte Evakuierung der kernkraftnahen Siedlungen hatte bereits Tausende von Opfern gefordert. Trotz der dramatischen Entwicklung war die Haltung der Genossen in der Sitzung des Politbüros vom 28. April bei aller scheinbaren Einstimmigkeit ambivalent. Dabei hatten die radioaktiven Wolken zu dieser Stunde bereits die westliche Staatsgrenze bei Wilna erreicht.

So oder so: Die offizielle Nachricht zeugte davon, dass an diesem ersten warmen Frühjahrswochenende neben der grandiosen technischen Panne auch ein GAU im sowjetischen Kommunikationssystem eingetreten war. Den Rückschlag bekamen als Erste die Mitglieder der vom stellvertretenden Ministerpräsidenten Boris Scherbina geleiteten Regierungskommission zu spüren, als sie in Pripjat ohne Spezialkleidung und Atemschutzgeräte eintrafen und in dem schwer kontaminierten Restaurant «Polesje» ihr verseuchtes Mittag- und Abendessen verzehren mussten. «Ebenfalls in normaler Kleidung und ohne Atemschutzgerät beflogen unsere Akademiemitglieder das Terrain», erinnerte sich Gorbatschow an die schauderhafte Szene. «Alle, die mich informierten, begriffen letztendlich nicht, was eigentlich geschah.»

Dasselbe ließe sich wohl über Zehntausende von Helfern aus Armee und Zivilbevölkerung sagen, darunter viele Freiwillige, die in den letzten Apriltagen damit begannen, aufopferungsvoll, heroisch und ungeschützt zu retten, was noch zu retten war. Die Mehrzahl der in einem UNO-Bericht auf 4000 geschätzten direkten Todesopfer sowie ein Teil der halben Million Menschen, die bei dem Unglück verstrahlt wurden, war eindeutig dem miserablen Informationsstand der sowjetischen Gesellschaft geschuldet.

Tschernobyl erwies sich als Wendepunkt in der Geschichte. Das galt nicht nur für die von den sowjetischen Führern beabsichtigte Perestroika, sondern auch für die von ihnen gar nicht gewollte Erosion des Systems – eine Art Jüngstes Gericht, zumal die Gläubigen sehr schnell den passendcn Hinwcis im Buch der Bücher fanden. So lasen diejenige, die eine Bibel hatten oder in die Kirche gingen, das Zitat aus der Offenbarung des Johannes (8,10): «Und der dritte Engel stieß in die Posaune: da fiel ein großer Stern, der wie eine Fackel brannte, vom Himmel herab und fiel auf den dritten Teil der Flüsse und auf die Wasserquellen. Der Name des Sternes lautet *Wermut*. Da wurde der dritte Teil der Gewässer Wermut, und viele Menschen starben von dem Genuss des Wassers, weil es bitter geworden war.» Das Wort Wermut heißt auf Ukrainisch «Tschornobyl». Wer weniger gläubig oder abergläubisch war, der erlebte die größte Atomkatastrophe der Geschichte vor allem als Vertrauensverlust, verbunden mit der Einsicht, dass es Dinge gab, denen gegenüber selbst die Mächtigsten machtlos waren. Das Misstrauen schlug auf das erst beginnende Reformwerk zurück. Man machte den traurig-scherzhaften Reim darauf: «Perestroika – ein wichtiger Faktor / dabei versagte der Reaktor.» Auch die Herrschenden mussten einsehen, dass sie endlich den Dialog mit dem Volk beginnen sollten, in dessen Namen sie das Machtmonopol ausübten. So hieß es in der Rede des Generalsekretärs vom Januar 1987: «Wir brauchen Demokratie wie die Luft zum Atmen.»

DIE HEIMKEHR EINES VERBANNTEN

Der wegen seines Protestes gegen den Afghanistankrieg seit Anfang 1980 nach Gorkij (Nischnij Nowgorod) verbannte Atomphysiker und Vordenker der demokratischen Bewegung Andrej Sacharow lebte in dieser Zeit noch isolierter als sonst, woran er gewissermaßen selbst «schuld» war. Mit einem hartnäckigen Hungerstreik erreichte er, dass seine Frau Jelena Bonner nach Italien zu einer Bypassoperation ausreisen durfte. Zwischen November 1985 und Juni 1986 war der Atomphysiker auf Informationen durch gelegentliche, zudem von den Sicherheitskräften meist behinderte Besuche von Moskauer Freunden angewiesen. So war es nicht verwunderlich, dass er den Supergau von Tschernobyl aufgrund seiner ausschließlich aus offiziellen Quellen gewonnenen Informationen zunächst als nicht sehr schwerwiegend einschätzte. Was ihn damals mehr beunruhigte, war die Lage einiger sowjetischer Gefangenen (sog. Gewissensgefangene), besonders des Dissidenten Anatolij Martschenko, der bereits seit 1980 im Lager saß. Vor allem seinetwegen schrieb Sacharow seinen ersten Brief an

Die ahnungslose Regierungskommission speiste am Ort der Katastrophe

Michail Gorbatschow, der in der Öffentlichkeit gerade behauptet hatte, in der UdSSR werde niemand wegen seiner Überzeugungen verfolgt. Obwohl dieser Brief unbeantwortet blieb, wurden die Verbannungsbedingungen des Wissenschaftlers danach gelockert. So erfuhr er über Kollegen aus dem Kernphysischen Institut Moskau von den furchtbaren Einzelheiten und unveröffentlichten Daten zu Tschernobyl, und als seine Frau zurückkehrte, konnte er sich ein vollständiges Bild von der Katastrophe verschaffen. Wissenschaftlich beschäftigte er sich zu dieser Zeit mit der Konstruktion sicherer Atomkraftwerke, die er sich «tief unter der Erde» vorstellen konnte. Vielleicht hoffte er, dass solche Projekte ihm und seiner Frau eine Rückkehr nach Moskau erleichtern würden. Jedenfalls kam bald darauf jener 16. Dezember, der nicht nur für Sacharows persönliches Schicksal, sondern auch für die politische Kultur der Sowjetunion eine Wende bedeutete. Sacharow berichtete in seinen Memoiren:

«Um 15 Uhr klingelte das Telefon. Ich nahm den Hörer ab. Eine Frauenstimme: ‹Michail Sergejewitsch wird mit Ihnen sprechen.› – ‹Ich höre.› – (…) ‹Guten Tag. Hier spricht Gorbatschow.› – ‹Guten Tag.› – ‹Ich habe Ihren Brief erhalten. Wir haben ihn geprüft und uns beraten. (…) Sie bekommen die Möglichkeit, nach Moskau zurückzukehren. (…) Kehren Sie an Ihre patriotische Arbeit zurück!› – ‹Ich bin Ihnen sehr dankbar … (…) Aber ich flehe Sie an, die Freilassung der Menschen, die ihrer Überzeugung wegen verurteilt wurden, noch einmal zu erwägen!›»

Die Entlassung von Russlands bekanntestem Dissidenten aus der Verbannung sollte der gesamten Intelligenz ein Signal geben: Im Zuge der Transparenz *(Glasnost)* fielen die alten, versteinerten Tabus, die sowohl für die Presse – bis hin zur Kontrolle der Wetterberichte zur Erntezeit – als auch für die schönen Künste galten. Das Erscheinen von Büchern wie Pasternaks «Doktor Schiwago» oder Grossmans «Leben und Schicksal» in millionenstarken Auflagen, die Wiederzulassung der Werke von Exilautoren wie Solschenizyn kündigten eine neue Ära an, die der zuvor lange von der Zensur unterdrückte Semiotiker Jurij Lotman als «literarische Explosion» bezeichnete.

In der Massenkultur gab es ebenfalls spektakuläre Veränderungen. So wurde das noch 1985 verfügte Verbot für westliche LPs aufgehoben – unter anderem waren Pink Floyd «wegen Antisowjetismus», Black Sabbath «wegen Aggressivität» und Tina Turner «wegen Sex» verboten worden. Die Zulassung dieser verbotenen Früchte ähnelte einem Akt der geistigen Selbstbefreiung. Wie dies im Einzelnen aussah, zeigt Karen Schachnasarows berühmter Spielfilm «Gorod Sero», in dem die «Rehabilitierung» des Rock'n'Roll in einer sowjetischen Kleinstadt in Anwesenheit der grimmigen Funktionäre gezeigt wird. Offensichtlich wollte die Führungsspitze durch die Erweiterung der Informationsfreiheit und der Meinungsvielfalt den Druck auf die konservative Apparateelite erhöhen, um weitere Veränderungen zu erzielen.

Vor allem Wochenschriften wie das Nachrichtenmagazin *Ogonjok, Moskowskije Nowosti* und *Literaturnaja Gaseta* waren wie in der Vergangenheit die Sprachrohre für direkte politische Kritik. Neben den sensationsorientierten und wohldosierten «Enthüllungen» entwickelte sich ein neuer journalistischer Stil, der deutlich von der offiziellen Sprachregelung abwich. Neu waren auch die unzensierten Leserbriefe, in denen konträre Meinungen artikuliert wurden. Dieser entstehende Pluralismus stärkte zunächst die neostalinistisch-konservativen und nationalistischen Stimmen, unter anderem in den Zeitungen *Sowjetskaja Rossija* und *Nasch Sowremennik*. Jenseits der bereits existierenden Presselandschaft erschienen noch primitiv gedruckte, an den Samisdat, die Untergrundliteratur, erinnernde Journale, um die sich die oppositionellen liberalen Gruppen («njeformalni») sammelten. Dazu gehörte die demokratische Bewegung um die Zeitschrift *Glasnost* mit ihrem 1987 eingesetzten Chefredakteur Sergej Grigorjanz, aber auch die offen antisemitischen Flugblätter der «Patriotischen Vereinigung Erinnerung» (Pamjatj).

Die Auferstehung der Nationalismen

In einem Vielvölkerstaat wie der Sowjetunion schlugen sich sämtliche politischen und sozialen Konflikte auch im nationalen Bereich nieder, und schnell konnten unüberlegte Beschlüsse an der Machtspitze das Gegenteil des erhofften Effekts bewirken. So war es auch mit der Entscheidung des Politbüros der KPdSU vom Dezember 1986, den kasachischen Parteichef Dinmuhammed Kunajew wegen Korruption abzulösen. Unabhängig davon, ob und inwieweit die Anklage zutraf, hätte normalerweise nach diesem verknöcherten Apparatschik mit fast 50 Jahren KP-Mitgliedschaft kein Hahn gekräht. Da aber zu seinem Nachfolger der Russe Georgij Kolbin erkoren wurde, rebellierten gegen diesen noch am selben Tag in der Hauptstadt Alma-Ata Tausende von Studenten und Arbeitern, unter ihnen viele Parteimitglieder. Sie zogen auf den damals noch nach Breschnew benannten Hauptplatz und skandierten Losungen wie: «Jeder Nation den eigenen Führer!» Die Kollision zwischen Demonstranten und Ordnungskräften forderte einen Toten und 1500 Verletzte, und etwa ebenso viele Demonstranten wurden verhaftet. Der Protest erhielt den Namen «Scholtoksan» (kasachisch für Dezember) und wird heute als Gründungsakt der kasachischen Unabhängigkeitsbewegung gefeiert. Mit dieser Wirkung hatte man in Moskau am wenigsten gerechnet.

Noch absurder musste dem Politbüro der zweite, noch dramatischere nationale Eklat vorkommen, obwohl dieser nicht einmal direkt gegen die russische Zentrale gerichtet war. Vielmehr wollten die in den Konflikt um die armenische Enklave Berg-Karabach verwickelten Republiken Armenien und Aserbaidschan Moskau als Vermittler gewinnen. Die armenische Mehrheit in der Region, circa 150 000 Einwohner, wollte sich von der Republik Aserbaidschan ablösen und strebte eine Verbindung mit Armenien an. Eine entsprechende Eingabe wurde nach Moskau geschickt und alarmierte die Kremlführung. Am Tag darauf demonstrierte man in der armenischen Hauptstadt Eriwan für dasselbe Ziel – in Gorbatschows Namen und unter seinem Porträt.

Der Parteichef lud daraufhin zwei Vertreter der armenischen Intelligenz in den Kreml ein, die Lyrikerin Silva Kaputikjan und den Publizisten Sori Balajan. Er setzte seinen ganzen persönlichen Charme ein, um die Armenier von ihrer Idee abzubringen, denn in der Änderung der innersowjetischen Grenzen witterte er zu Recht einen gefährlichen Präzedenzfall. Die Spannungen zwischen den beiden kaukasischen Sowjetrepubliken waren bereits am Siedepunkt. «Jetzt ist es das Wichtigste, den Brand zu löschen!», appellierte Gorbatschow an die beiden Armenier, ließ aber offen, womit denn gelöscht werden sollte. So antwortete die Lyrikerin: «Gebt uns Wasser! Gebt wenigstens ein Versprechen, irgendwelche Hoffnung.» Gorbatschow versprach daraufhin 400 Millionen Rubel Fördergelder für die Enklave, eine enorme Summe für das kleine Gebiet. Die beiden Delegierten kehrten nach Eriwan zurück, um die Gemüter zu beruhigen. Es war jedoch zu spät. Die andere Seite hatte am 26. Februar 1988 mit einem blutigen Pogrom gegen die armenische Minderheit in der aserbaidschanischen Stadt Sumgait zugeschlagen. Mehr als 30 Tote und Hunderte von Verwundeten waren das tragische Ergebnis.

Zum ersten Mal fühlte sich der Vater der Perestroika in einer ausweglosen Situation. Dabei war der nationale Konflikt im Kaukasus nur der Beginn eines Flächenbrandes.

Insgesamt herrschte im Sowjetland infolge der Dynamisierung des politischen Lebens ein recht widersprüchliches Klima. Während in den großen Städten Moskau und Leningrad, in denen die Intelligenzija über relativ großen Einfluss verfügte, so etwas wie eine Aufbruchstimmung aufkam, gab sich die Peripherie eher zurückhaltend. Die Gesellschaft, jahrzehntelang an die Eintönigkeit eines bürokratisch verwalteten Staates gewöhnt, reagierte auf alle Neuerungen mit Misstrauen. In Anwesenheit seiner Berater gab Gorbatschow offen zu: «Ich will, dass es menschlich zugeht, dass es nicht zum Blutvergießen kommt, dass sie ein Gespräch miteinander beginnen. (…) Ich weiß keine Lösung.»

DER ERSTE DOMINOSTEIN – POLEN

Die Führer der Volksrepublik Polen erteilten im September der renommierten Firma Henryków den Auftrag, einen runden Tisch aus 14 Elementen mit einem Durchmesser von neun Metern sowie die dazugehörigen 58 Stühle zu fertigen. Seinerzeit hatte dieselbe Werkstatt den Thron des polnischen Papstes Johannes Paul II. sowie die Inneneinrichtung des Warschauer Königspalastes hergestellt. Diesmal jedoch gelang es ihr, mit dem *okrągły stół* ein wahrhaft historisches Unikat zu schaffen. Er entstand vor einem recht dramatischen Hintergrund. Am 16. August 1988 begann, als Protestaktion gegen geplante Preiserhöhungen, eine Streikwelle, mit der auch die verbotene Gewerkschaft Solidarność legalisiert werden sollte. Am 31. August, dem Jahrestag der Unterzeichnung des Danziger Abkommens acht Jahre zuvor, vereinbarten die Vertreter der Regierung (Innenminister Kiszczak) und der Opposition (Lech Wałęsa) den Beginn von Verhandlungen, die Polens unmittelbare Zukunft bestimmen sollten.

Der Vorstoß zu einer Einigung begann jedoch früher, und zwar von Regierungsseite: Ende September 1986 kam es zu einer Amnestie, 250 politische Gefangene – praktisch die komplette Führung der Solidarność – wurden aus der Haft entlassen. Atmosphärische Veränderungen brachte auch der Papstbesuch im Jahr 1987 mit sich, da er der katholischen Kirche für die bevorstehenden sozialen und politischen Auseinandersetzungen den Rücken stärkte.

Sicherlich sah sich die polnische Führung durch die tiefe Krise veranlasst, der Opposition erkennbare Zugeständnisse zu machen. Auch Gorbatschows Erscheinen am Horizont bestärkte sie in diesem Sinne, und der Westen war bereit, die weichere Politik mit einer gewissen Großzügigkeit zu honorieren: So wurde die wegen des Kriegsrechts verhängte Wirtschaftsblockade gelockert, und somit war die Bahn frei, um auch Gespräche über eine Umschuldung zu führen. Entscheidend war jedoch die Tatsache, dass Polen über eine zwar geschwächte, aber nicht zerschlagene Opposition verfügte, deren Institutionen – Verlage, Zeitungen, illegale «fliegende Universitäten» und andere – die Jahre der Militärherrschaft überlebt hatten. Polen verfügte außerdem mit Wałęsa über einen international anerkannten Arbeiterführer sowie eine Reihe unabhängiger Intellektueller vom Kaliber eines Adam Michnik, Bronisław Geremek oder Jacek Kuroń. Zwischen der Opposition und den pragmatisch-kommunistischen Kreisen um den Premier Mieczysław Rakowski vermittelten hohe Persönlichkeiten des katholischen Klerus wie die Bischöfe Alojzy Orszulik und Tadeusz Glockowski diplomatische erste Hilfe.

Eines der Haupthindernisse bei den Vorbereitungen der Gespräche bildete die von der Militärregierung gleichzeitig mit dem Verbot der

Kardinal Józef Glemp – Vermittler zwischen Staat und Gesellschaft

Solidarność ins Leben gerufene staatliche Gewerkschaft OPZZ mit ihrem Vorsitzenden Alfred Miodowicz, der gleichzeitig Mitglied des Politbüros der Partei war. Die offizielle Seite unterstützte ihn nach wie vor, und die Spannungen gingen so weit, dass die Kommunisten zu einem bestimmten Zeitpunkt – es soll im Oktober 1988 gewesen sein – sogar bereit waren, den Runden Tisch aus der Werkstatt Henryków wieder auseinanderzunehmen.

Eine definitive Wende für die Verhandlungslinie vollzog sich erst Ende November, als das Politbüro eine öffentliche Debatte zwischen Miodowicz und Wałęsa genehmigte, die wundersam friedlich verlief und den Arbeiterführer zweifellos auf das Siegertreppchen stellte. Dieses Fernsehgespräch am 30. November 1988 war die erste öffentliche Auseinandersetzung zwischen Partei und Opposition in den Medien eines sozialistischen Staates.

MIODOWICZ Ist der gewerkschaftliche Pluralismus die einzige Lösung für alle polnischen Probleme? Man muss ebenfalls die Chancen einer Par-

1987 war es bereits so weit: Die britische Regierungschefin durfte bei ihrer Polenvisite den offiziell nicht anerkannten Solidarność-Führer, Lech Wałęsa, besuchen (links von Wałęsa sein Beichtvater Jankowski)

tei sehen, in der bedeutende Umwälzungen ihren Lauf nehmen und nehmen werden. Aber die größten Chancen, die Sie erwähnt haben, stellen natürlich die grauen Zellen unserer Intelligenz dar, die nicht voll genutzt werden.

WAŁĘSA Wenn ich von Pluralismus spreche, habe ich drei Bereiche im Sinn: die Wirtschaft, die Gewerkschaftsverbände und die Politik. Dahin gehend müssen wir übereinkommen, da diese Ideale früher oder später siegen werden. Eine einzige Organisation wird nie das Patent zur Allwissenheit besitzen. Deshalb werden wir uns den Pluralismus erkämpfen – ob es Ihnen gefällt oder nicht.

MIODOWICZ Herr Wałęsa, ich verstehe, dass jeder von uns bei seinen Argumenten bleiben will.

WAŁĘSA Sie sollten dabei helfen, Meinungsfreiheit einzuführen und diese nicht zu blockieren. Wenn Sie wirklich das Beste für Polen wollen.

MIODOWICZ Aber Sie verstehen, dass man bei dem sehr impulsiven Charakter der Polen bei aller Verschiedenheit auf die Einheit achten muss. Ansonsten werden wir einander bekämpfen und uns zersplittern.

WAŁĘSA Lasst uns den Menschen das Glück nicht aufzwingen. Lasst uns ihnen Freiheit geben und aufhören, uns auf der Stelle zu bewegen. Schauen Sie sich doch die Ungarn an, wie weit sie gekommen sind.

MIODOWICZ Sehen Sie bei uns keine wesentlichen strukturellen Veränderungen in Richtung Demokratie?

WAŁĘSA Ich sehe, dass wir uns zu Fuß fortbewegen, während andere mit Autos davonfahren.

MIODOWICZ Bald werden auch wir in diese Autos einsteigen.

WAŁĘSA Ich nehme Sie beim Wort. Nur hoffe ich, dass wir auch die Menschen mitnehmen, da wir vor allem für sie handeln.

MIODOWICZ Ja. Also bedanken wir uns bei unseren Zuschauern und wünschen ihnen eine gute Nacht.

WAŁĘSA Danke sehr!

Einen Tag nach dieser Auseinandersetzung, die von vielen Millionen Polen mit angehaltenem Atem verfolgt worden war, reiste Wałęsa in Begleitung seines Beraters, des Historikers Bronisław Geremek, nach Paris, um den 40. Jahrestag der Deklaration der Menschenrechte zu feiern. In der französischen Hauptstadt wurde er – übrigens gemeinsam mit Andrej Sacharow – fast wie ein Staatsgast empfangen.

Ungarn – die «weiche Diktatur»

In der zweiten Hälfte der Achtzigerjahre zeigte sich die Schwäche des Systems in Ungarn in der Lockerung seiner Kontrolle. Das spektakulärste Phänomen war die Eröffnung kleiner Kopierläden in Budapest und den größten Komitatsstädten. Früher durften nur Kopiergeräte benutzt werden, die sich im Besitz staatlicher Institutionen oder Betriebe befanden, und den Schlüssel zum Kopierzimmer hüteten die jeweiligen führenden Kader. Nun konnte diese Technik auf privaten Wegen aus dem Westen eingeführt werden, ebenso wie Faxgeräte oder wie die ersten Computer, die eine wahre Revolution in der Kommunikation auslösten.

Die oben erwähnten Kopierläden, ebenso wie die vielen Boutiquen, signalisierten eine Blütezeit des privaten Kleinhandels und Handwerks. Die ersten Firmen hießen «zivilrechtliche Gesellschaften» oder «GmbH», und ihre juristische Einordnung und Besteuerung stellten den Staat zunächst vor große Probleme. Vor allem hatte man Angst, diese flexiblen und nur schwer kontrollierbaren Firmen könnten zu Konkurrenten der schwerfälligen staatlichen Dienstleistungsindustrie werden. Dies traf auch auf die Warenhauskette «Skála» zu, die sich mit ihrer modernen Handelsphilosophie und aufgrund der gelockerten Importmöglichkeiten auf Lücken in der Mangelwirtschaft spezialisierte. Andererseits wurde das staatliche Eigentum für den Staat selbst zu einer Last, von der er sich allmählich zu befreien suchte. So kam es 1988 und 1989 zu massenhaften Privatisierungen der 40 Jahre zuvor verstaatlichten und nunmehr hoffnungslos vernachlässigten Häuser, indem man den Bewohnern ermöglichte, ihre Wohnungen relativ preisgünstig vom Staat zu kaufen. Da aber viele von ihnen auch die billigsten Tarife nicht aufbringen konnten, wurde ein Großteil der solcherart freigegebenen Wohnflächen von Spekulanten aufgekauft.

Eines der neu gegründeten privaten Unternehmen, eine Medienfirma, organisierte damals den ersten Schönheitswettbewerb des Ostblocks. Zur Miss Hungary wurde aus 2000 Bewerberinnen die 17-jährige Schülerin Csilla Molnár aus Kaposvár erkoren. Als Hauptpreis erhielt die Siegerin eine aus heutiger Sicht mehr als bescheiden wirkende Prämie, eine dreitägige Wienreise. Die erste Mediensensation dieser Art endete jedoch tragisch. Nachdem sie auf dem europäischen Wettbewerb in Valletta trotz der höchsten Punktzahl ihres Sieges beraubt worden war, nahm sich die junge Schönheitskönigin im Herbst 1986 das Leben und löste damit große Bestürzung aus. Drei Jahre lang fanden daraufhin in Ungarn keine ähnlichen Veranstaltungen mehr statt, um dann nach der Wende geradezu industrielle Ausmaße anzunehmen. Als Trostpflaster galt die brasilianische Telenovela «Die Sklavin Isaura», die ab 1986 im Fernsehen lief. Ungarn war das erste sozialistische Land, das die Serie ausstrahlte. Die Legende will, dass die begeisterten Zuschauer für die Befreiung der Sklavin 1988 sogar Geld sammelten.

In der großen Politik gab es zunächst weniger Sensationen. Im Sommer 1987 wurde der Parteifunktionär Károly Grósz zum Regierungschef ernannt. Das von ihm verkündete «Entfaltungsprogramm» sollte die Wirtschaft durch eine Ausweitung des privaten Sektors sowie durch die Umgestaltung des Steuersystems ankurbeln. Grósz erweckte vage Hoffnungen bei den Kreditgebern und erhielt während seiner Bonner Reise im Oktober desselben Jahres eine Milliarde D-Mark «zum freien Gebrauch zwecks Modernisierung der Industrie» – ein Tropfen auf den heißen Stein. Angesichts der zu erwartenden Schwierigkeiten griff man auf ein altbewährtes Mittel zurück – auf die sogenannten «Maßnahmen zur Beförderung des allgemeinen Wohlbefindens», die die Bevölkerung ruhigstellen sollten. In diesem Fall handelte es sich um die uneingeschränkte Reisefreiheit ab dem 1. Januar 1988, die einen Boom des Einkaufstourismus in dem drei Autostunden von Budapest entfernten Wien auslöste. Auf der legendären Mariahilfer Straße kauften die Ungarn von ihren häufig jahrzehntelang gehüteten Devisenvorräten Computer, Kleidung und Parfum, um diese zu Hause weiterzuverkaufen. Die Grenzbehörden schikanierten die Reisenden nur selten und taten ihr Bestes, um sie zu neuen Reisen zu ermuntern. Selbst Pornovideos erregten keinen Anstoß, wie ein Interview zeigt, das unter den damaligen Bedingungen noch eine Sensation war.

JOURNALIST Stimmt es, dass von nun an Pornokassetten legal über die Grenze gebracht werden können?
ZOLLBEAMTER Der Chef der Landeszollbehörde hat verordnet, dass (…) auch solche Videokassetten eingeführt werden dürfen.
JOURNALIST Heißt dies, dass man auch Kassetten mitbringen kann, die früher aus Sittlichkeitsgründen verboten waren?
ZOLLBEAMTER Ja, natürlich, entsprechend verzollt. Eine Pornokassette veranschlagen wir auf 3000–4000 Forint [etwa 100–120 DM nach damaligem Umrechnungskurs]
JOURNALIST Wie haben Sie diesen Betrag festgelegt?
ZOLLBEAMTER Nach dem Umsatzwert.
JOURNALIST Hat die Pornokassette einen Umsatzwert? Meines Wissens kann man sie nur auf dem Schwarzmarkt kaufen.
ZOLLBEAMTER Wenn sie nur einen Schwarzmarktpreis hat, dann bestimmen wir den Zollwert eben auf dieser Grundlage.
JOURNALIST Wenn ich jeden Tag über die Grenze gehe und zurück, darf ich dann jeden Tag eine Pornokassette mitnehmen?
ZOLLBEAMTER (…) Von ein und demselben Film nur eine. Aber mehrere verschiedene Filme sind akzeptabel.

Durch diese und ähnliche «menschliche Erleichterungen» sollte eine politische Windstille erreicht werden, die das ruhige Regieren garantierte, zumal von Anfang an die Gefahr bestand, dass Grósz' geplante Reformen im Sande verlaufen könnten. Die führende Partei agierte bereits in einem veränderten Umfeld, weil verschiedene Gruppen, mit Gorbatschows Perestroika im Hintergrund, eine weit radikalere Lösung für die Krise forderten – auch dieses Wort war für die offizielle Sprachregelung noch ein Tabu. Die 1977 entstandene kleine Gruppe der demokratischen Opposition schlug bereits im Mai 1987 einen in der ungarischen Politik seit Jahrzehnten unbekannten Ton an: «Der Konsens ist zu Ende. Das Land hat begriffen, dass die Machthaber ihre Versprechungen nicht halten werden. Die Folgen des ökonomischen Verfalls haben nun die Elite der Arbeiterschaft und die geistigen Mittelschichten erreicht. (…) Es gibt eine Sache, mit der heute vom Arbeiter bis zum Parteikader alle einverstanden sind: Kádár muss gehen!» So hieß es in ihrem Aufruf, der mit einer primitiven Vervielfältigungsmaschine gedruckt und über ungarischsprachige Auslandssender ausgestrahlt wurde. Zur gleichen Zeit forderte die Gruppe der sogenannten «Reformökonomen» unter dem Titel «Wende und Reform» die Anpassung der ungarischen Ökonomie an die Weltwirtschaft und die Schaffung wahrer Marktverhältnisse. Sie befürwortete den Rückzug der Partei aus der Wirtschaft, was zumindest teilweise mit dem Verzicht auf die «führende Rolle» der USAP gleichbedeutend war, indem sie unverblümt verkündete: «Die Zeit ist reif für eine ausgedehnte, radikale, demokratisierende, dezentralisierende, deregulierende Marktreform.»

Die dritte Strömung, mit der die Mannschaft der USAP rechnen musste, bildeten die «Volkstümler», eine Gruppierung im Rahmen der staatlich erlaubten Kultur, deren bevorzugtes Thema die ungarische Identität sowie die sprachliche und politische Diskriminierung der ungarischen Minderheit in den Nachbarstaaten, vor allem in Ceaușescus Rumänien, war. Sie forderte eine stärkere Verantwortung der Regierung für die «Schicksalsfragen der Nation» und hatte Differenzen mit den offiziellen Kreisen, wenn es um die Einschätzung der neueren Geschichte, hauptsächlich des Volksaufstands von 1956, ging. Die Volkstümler waren die Ersten, die weit über verbale Erklärungen hinaus auch organisatorisch auftraten: Im Herbst 1987 gründeten sie in der Gemeinde Lakitelek bei Kecskemét das Ungarische Demokratische Forum, das nach der Wende zur größten Regierungspartei der Republik wurde. Das Kommuniqué der Gründungskonferenz war in jenem pathetisch-romantischen Stil gehalten, der die nationale Tradition ansprechen sollte: «Die hier die Chancen des Magyarentums erforschenden Anwesenden und zu diesem Zweck Beitragenden versuchten im Zeichen der Nüchternheit und Überlegtheit, die Art und Weise der Entfaltung, der unumgänglichen Erneuerung und der wirklich wirksamen Reformen zu erörtern.»

Gemeinsam war diesen Neubildungen, die man angesichts ihrer späteren Rolle als Vorparteien bezeichnen kann, dass keine von ihnen das Machtmonopol der Partei offen infrage stellen wollte. Es wäre ungerecht, ihnen daraus einen Vorwurf zu machen. In Ungarn hielten sich zu dieser Zeit noch die «provisorisch stationierten sowjetischen Truppen» auf – immerhin 200 000 Soldaten mit 27 000 Panzern und Militärfahrzeugen. Im Rahmen des damals für möglich Erachteten suchten die Sozialliberalen und Nationalkonservativen, nicht anders als die polnische Opposition, nach einem Minimalkonsens mit den Herrschenden.

Aufseiten der Machthaber fand man auf Ungarns kommunistischem Parnass zunächst nur einen Ansprechpartner – den Volksfrontchef Imre Pozsgay. Auch die Vorstellung, man müsse nach einem Konsens suchen, wurde begrifflich durch ihn geprägt. Die «allgemeine nationale Übereinstimmung», ein Terminus mit einem Klang aus dem frühen 19. Jahrhundert, wurde von ihm in den Diskurs eingeführt. Der Funktionär Pozsgay, ein früherer Kulturminister, hatte bereits aus der polnischen Krise 1980/81 die Konsequenz gezogen, dass sich die herrschende Partei legitimieren und ihre führende Rolle durch Dienst am Gemeinwesen quasi neu verdienen müsse. Die zu bloßer Fassade gewordenen Organisationen, Gewerkschaften und Berufsverbände müssten zu echtem Leben galvanisiert werden, und selbst der Sozialismus brauche statt des bisherigen Kommandosystems einen Konsens, in dem sich auch Gruppeninteressen repräsentiert fühlten. Dies war angesichts der starken Position der Konservativen an der Parteispitze zunächst ein Spiel mit dem Feuer, mit dem der Politiker sich damals am Rande der Salonfähigkeit befand. Aber die Pluralisierung der Gesellschaft konnte nicht mehr aufgehalten werden. Im April 1988 wurde im Budapester Café «Ma Chérie» der unabhängige Jugendverband Fidesz gegründet, damals ein liberales Generationsprojekt, in dessen Nachfolge heute Ungarns Regierungspartei, die nationalkonservative «Bürgerliche Allianz», steht. Darauf folgten reihenweise die offiziell als «neue Organisationen» bezeichneten Gruppen, unter ihnen Interessenvertretungen der Roma, jüdische Kulturvereine sowie die ersten Parteien, die diese Bezeichnung bereits offen trugen. Sie wurden, ähnlich wie die «Informellen» oder

Nach vier Jahrzehnten Parteiherrschaft wird in Ungarn politischer Pluralismus praktiziert. Ein «Katalog der neuen Organisationen» informiert über mehr als 80 oppositionelle Gruppen (1988)

«Volksfronten» in der UdSSR, zunächst weder anerkannt noch verboten – hierzu fehlte der weich gewordenen Diktatur bereits die Kraft. Eine Übersicht zu dieser wilden Entwicklung bot eine ungehindert und unzensiert gedruckte Broschüre. Sie zeigt auf dem Titelblatt ein Ei, dessen Schale sich gerade öffnet.

Das Jahr 1988 brachte in Ungarn eine weitere qualitative Neuerung mit sich: Zum ersten Mal seit drei Jahrzehnten fanden inoffizielle Kundgebungen statt, so der Protest der Umweltschützer gegen das Wasserkraftwerk Nagymaros/Gabčikovo sowie eine gewaltige Demonstration aller neuen Gruppen gegen den Dorfzerstörungsplan des rumänischen Diktators Nicolae Ceaușescu. Polizeilich verhindert wurde nur noch eine geplante Gedenkveranstaltung am 23. Oktober, dem Jahrestag des Volksaufstands von 1956. Offensichtlich fiel es den Machthabern ausgerechnet in dieser Frage am schwersten, über den eigenen Schatten zu springen. Sie wollten wohl auch János Kádár persönlich schonen, der zu dieser Zeit rein nominell noch als Ehrenvorsitzender der Partei fungierte.

Den wahren Dammbruch im Demokratisierungsprozess stellte schließlich die Ablösung des Parteichefs auf der Landeskonferenz im Mai 1988 dar. Heute wissen wir, dass dieser Schritt nicht ohne Moskaus Zutun er-

Treffen der Staats- und Parteichefs des Warschauer Vertrags, Sommer 1986.
Gorbatschows Satz im Politbüro: «Wir brauchen keine Führung über sie»
ist ihnen noch nicht zu Ohren gekommen

folgte. Um seine Perestroika bei den Verbündeten zu befördern, beschloss Moskau, den Abgang der Altherrenriege zu beschleunigen, und begann damit an der Donau. Angesichts von Kádárs skeptischer Haltung gegenüber den sowjetischen Reformen kam man im Kreml zu der Schlussfolgerung: «Über zuverlässige Kanäle könnte man Kádár die Auffassung vermitteln, dass diese Situation nichts Gutes verspricht, auch ihm persönlich nicht. Gleichzeitig müsste in akzeptabler Form geäußert werden, dass wir dem Genossen Grósz und einigen anderen ungarischen Führern politische Unterstützung gewähren.» Offenbar war Michail Gorbatschow zu der Einsicht gelangt, dass tiefgreifende Veränderungen, wie sie sich in Polen und Ungarn abspielten, auch anderswo im Ostblock unvermeidlich waren. Einen der Gründe, weshalb er es damit so eilig hatte, nannte er bereits im Juli 1986 im engen Genossenkreis: Die UdSSR wolle auf jede Führung der «Bruderstaaten» künftig verzichten, denn dies hätte bedeutet, so Gorbatschow, dass «wir sie uns auf den Hals laden.»

Die andere Ursache war seine wachsende Entschlossenheit, in der immer schwieriger werdenden Lage seines Landes pluralistische Strukturen inner- und außerhalb der Partei zu fördern – eine Flucht nach vorne, wie sich bald herausstellen sollte.

IV.
KONTROLLVERLUST
(1988–1989)

Die Obduktion hat gezeigt,
dass die Ursache des Todes die Obduktion war.

Aphorismus aus dem Journal «Ogonjok», 1989

SOWJETUNION: DIE SCHWIERIGE GEBURT
DER DEMOKRATIE

Im Prinzip hätten sie sich auch treffen können, der Vater der Perestroika und der führende sowjetische Menschenrechtler Andrej Sacharow, denn sie befanden sich zur gleichen Zeit in New York. Gorbatschow hielt am 7. November 1988 seine berühmte Rede vor der UNO, in der er eine zehnprozentige Senkung der sowjetischen Streitkräfte in Aussicht stellte – Sacharow nannte dies einen «Akt von staatsmännischer Kühnheit». Am Tag darauf traf sich der Parteichef mit Ronald Reagan und dem bereits gewählten, aber noch nicht amtierenden neuen Präsidenten George Bush. Als Gorbatschow gleich danach die Nachricht vom Erdbeben in Armenien vernahm, unterbrach er seine Reise, um so bald wie möglich am Unglücksort zu sein. Den Atomphysiker Sacharow, den dieselben amerikanischen Spitzenpolitiker empfingen, erreichte die Nachricht von der armenischen Katastrophe, kurz bevor er nach Paris reiste, um am 9. Dezember 1988 an den Feierlichkeiten zum 40. Jahrestag der Deklaration der Menschenrechte teilzunehmen. Bereits am Flughafen Charles de Gaulle, wo ihn der französische Präsident Mitterrand empfing, bat er auf einer Pressekonferenz um internationale Hilfe für die Erdbebenopfer.

Dies war Sacharows erste Auslandsreise. Das Politbüro muss vorher beraten haben, ob er als Schöpfer der sowjetischen Wasserstoffbombe nicht als Geheimnisträger und damit Risikofaktor gelte. Offensichtlich beurteilte man jedoch das Risiko eines Imageverlustes, wenn man die Reise verhinderte, als größer.

Dennoch hörte Sacharows Überwachung selbst in Paris nicht auf. Nach Beendigung der offiziellen Termine, kurz vor der Rückreise nach Moskau, ging das Ehepaar Sacharow-Bonner wie gewöhnliche Touristen spazieren und einkaufen. «Nun jedoch waren wir von den Sicherheitsvorkehrungen nahezu gefesselt», schreibt Sacharow in seinen Memoiren. «Immerhin stiegen wir zum Montmartre hinauf, schauten uns Sacré-Cœur an und sahen die berühmten Straßenmaler. Wir wollten zur Place Pigalle hinuntergehen und dort Lurexstrümpfe für unsere modebewussten Mädchen in Moskau kaufen, doch die Sicherheitsbeamten ließen es nicht zu, da sie Angst vor der Menschenmenge und etwaigen Verbrechern hatten. (…) Während wir durch eine Straße mit Sexläden und Kinos fuhren, die Filme entsprechenden Inhalts zeigten, entdeckten wir ein verträumtes Paar, das friedlich spazieren ging: Es waren Bulat Okudschawa und seine Frau. Dass wir nach Paris hatten reisen müssen, um ihnen wieder zu begegnen …»

Sowohl Gorbatschow als auch Sacharow kamen von ihrer kurzen Weltreise in ein Land zurück, das von den Ereignissen in Armenien geprägt wurde. Es war eine doppelte Tragödie: eine tektonische mit mindestens 25 000 Toten und einer Million Obdachlosen und eine politische, die inzwischen auch Blutopfer verlangte und Zigtausende Menschen zu Flüchtlingen machte. Zunächst war es der Kampf zwischen Armeniern und Aserbaidschanern – blutige Pogrome auf beiden Seiten, nunmehr ganz unabhängig vom ursprünglichen Zankapfel Berg-Karabach. Gemeinsam mit der Unabhängigkeitsbewegung in Georgien drohte der Konflikt den ganzen Kaukasus in Brand zu stecken. Die Zentralregierung reagierte langsam und widersprüchlich, und es gelang ihr nicht, beide Seiten zur Vernunft zu bringen. Vielmehr wurde die Feindschaft weiter angeheizt. Auf den Spuren des Parteichefs reiste Sacharow mit einer Gruppe von Menschenrechtlern nach Eriwan, aber auch ihre Vermittlertätigkeit konnte die mörderische Dynamik nicht aufhalten.

Die armenische Enklave in Aserbaidschan Berg-Karabach möchte sich dem Mutterland anschließen – Anfang eines blutigen Konflikts

RÜCKZUG AUS AFGHANISTAN

Dabei hatte das Riesenreich mehr Beruhigung nötig denn je. Das Jahr 1989 wurde von zwei historischen Ereignissen eingeleitet: Am 15. Februar verließen die Sowjettruppen unter Führung des Generalmajors Boris Gromow über die Termezbrücke Afghanistan. Am 26. März fanden die ersten halbwegs freien Wahlen zum Kongress der Volksdeputierten der UdSSR statt. Zum ersten Mal wurde den offiziellen «gesellschaftlichen Organisationen» das Recht eingeräumt, eigene Kandidaten nach einem vorher festgelegten Proporz zu stellen: 750 von der Kommunistischen Partei, 100 von der kommunistischen Gewerkschaft und 75 vom Kommunistischen Jugendverband, was eine massive Mehrheit der insgesamt 1500 Abgeordneten garantieren sollte. «Njeformali» (Informelle), Andersdenkende und Dissidenten, die auf der Liste von kleineren Organisationen kandidierten – Andrej Sacharow vertrat die Akademie der Wissenschaften –, hatten praktisch kaum Möglichkeiten, in den großen Medien zu erscheinen. Trotzdem waren die Wahlen vergleichsweise demokratisch. Zum einen handelte es sich um Namenslisten, und so konnten die Wähler, wenn auch

Andrej Sacharow spricht auf dem Kongress der Volksdeputierten der UdSSR. Im Hintergrund Michail Gorbatschow als Vorsitzender

nicht zwischen Parteien, aber wenigstens zwischen Personen der Öffentlichkeit wählen. In dieser Situation stimmten die Leute vor allem für diejenigen, die sie als authentische Anhänger der Perestroika kannten. In der Hauptstadt bedeutete dies einen erdrutschartigen Sieg des Hauptkandidaten der demokratisch eingestellten Stadtorganisation der KPdSU – Boris Jelzin erhielt 90 Prozent der Stimmen. In den Sowjetrepubliken – vor allem im Baltikum und im Kaukasus – eroberten die Kandidaten der volksfrontartig organisierten nationalen Opposition die Mehrheit. Selbst auf der zentralen Liste der Partei siegten die Reformkräfte um Gorbatschow, unter ihnen auch parteilose Intellektuelle, mit einer klaren Mehrheit über die Konservativen um Jegor Ligatschow. Die hohe Wahlbeteiligung von 89 Prozent, die niemals wieder erreicht werden sollte, zeigte den Willen der Bevölkerung, das zum ersten Mal eingeräumte Wahlrecht auch wahrzunehmen.

DIE HALB FREIEN PARLAMENTSWAHLEN

Trotz des formalen Erfolgs – 85 Prozent der gewählten Abgeordneten waren in irgendeiner Form Kandidaten der KPdSU – waren die Wahlergebnisse für die Funktionäre ein Schock. Auf der nächsten Politbürositzung begann eine Rebellion der Konservativen – dazu Einiges im Wortlaut.

Drei Abgeordnete aus der oppositionellen Interregionalen Gruppe des Kongresses der Volksdeputierten, des halbwegs frei gewählten sowjetischen Parlaments: Anatolij Sobtschak, Boris Jelzin und Andrej Sacharow (die vierte Person ist unbekannt)

WOROTNIKOW «Vierzehn Kommandeure der Militärbezirke sind durchgefallen.» – «Wir alle leiden mit den Genossen, die nicht durchgekommen sind.»
LIGATSCHOW «Hauptgrund für die Niederlage war der Standpunkt der Massenmedien gegenüber der Geschichte der Partei. Wir müssen uns daran erinnern, dass auch in Ungarn und der Tschechoslowakei 1956 und 1968 alles bei den Medien begann.» – «Wir müssen auch die Genossen, die eine Niederlage erlitten haben, im Apparat behalten.»
SAJKOW «Im Moskauer Stadtkomitee kritisierten alle Kandidaten die Partei und die Sowjetgesellschaft, einige gingen sogar bis zur Kritik des Systems.»
PUGO (lettischer KP-Chef) «Im Baltikum erreichten die Volksfronten, was sie wollten: eine nationalistische Umkehrung des August 1940, als die baltischen Republiken freiwillig um die Aufnahme in die UdSSR baten.»

Gorbatschows Taktik, mit der er praktisch Elemente des Mehrparteiensystems in die Monopolstruktur der KP-Herrschaft einschmuggelte, erwies sich als erfolgreich, zumal der Kongress als verfassunggebende Versammlung einberufen wurde. Der Parteichef wurde zum Vorsitzenden des

Obersten Sowjets (später zum Präsidenten der UdSSR) gewählt – zum ersten Mal durfte ein zweiter Kandidat aufgestellt werden. Gegen Gorbatschow kandidierte der Ingenieur Alexander Obolenskij, der aber nur ganz wenige Stimmen erhielt. Die Sitzungen des Kongresses wurden direkt im Fernsehen übertragen. So wurden Millionen von Bürgern zum ersten Mal live Zeugen einer politischen Konfrontation. Als die oppositionelle Minderheit eine sogenannte Interregionale Gruppe der Volksdeputierten bildete, verschärfte sich die Debatte. Andrej Sacharow trat in der Verfassungsdebatte als Vertreter dieser Fraktion auf, griff den Vorsitzenden Gorbatschow direkt an und forderte die Begrenzung seiner persönlichen Befugnisse. Das Akademiemitglied sprach sichtlich aufgeregt, geriet mehrmals ins Stocken – er war wirklich kein großer Rhetoriker. Seine Rede wurde von der, wie man damals sagte, «aggressiv gehorsamen Mehrheit» im Saal ausgepfiffen. Seine Grundidee griff der politische Führer der parlamentarischen Opposition, Boris Jelzin, auf, indem er auf dem Zweiten Kongress der Volksdeputierten im Dezember die Streichung der «führenden Rolle der Partei» aus der Verfassung verlangte. Sacharow erlitt nach einer heftigen Debatte einen Herzinfarkt und starb am selben Tag, am 14. Dezember 1989, während einer Straßendemonstration.

DAS BLUTBAD VON TIFLIS

In seiner Rede auf dem Kongress der Volksdeputierten forderte der populäre Lyriker Jewgenij Jewtuschenko unter anderem ein Gesetz gegen Hassreden und Beleidigung «selbst der winzigsten» nationalen Minderheit im Lande. Damit reagierte er auf die weitere Verschärfung der nationalen Gegensätze vor allem in der Kaukasusregion. Wie nicht anders zu erwarten, griffen die Konflikte auch auf Georgien über. Am 4. April organisierte die nationale Opposition in Tiflis eine Kundgebung für die Unabhängigkeit des Landes.

Die Demonstrationen setzten sich in den nächsten Tagen fort, und zwar unter radikalen antirussischen Losungen. Auch seitens der Demonstranten kam es gegenüber den Ordnungskräften zu Handgreiflichkeiten. Dennoch war die Überreaktion der von Moskau geschickten Militäreinheiten in der Nacht vom 8. auf den 9. April unverkennbar. Sie griffen die im Stadtzentrum eingeschlossene Menschenmenge mit Gummiknüppeln

Hand in Hand forderten Esten, Letten und Litauer die Wiederherstellung der 1940 verlorenen Unabhängigkeit ihrer Länder

und Infanteriespaten an und setzten das gefährliche Tränengas «Tscheremucha» (Faulbeere) ein. In den nächtlichen Kämpfen fanden 19 Demonstranten den Tod, 290 wurden verwundet. Aufseiten der Militärs gab es rund 100 Verwundete.

Die georgische Opposition klagte Gorbatschow an, dass er die Intervention angeordnet hätte, was dieser vehement leugnete – angesichts seiner tatsächlichen Machtbefugnisse eine merkwürdige Reaktion, die vor allem bei der Armee das Gefühl erweckte, vom Präsidenten im Stich gelassen worden zu sein. Ähnlich wie die Kundgebung in Alma Ata in Kasachstan verwandelte sich die blutige Nacht vom 8. April zum Teil des Gründungsmythos des unabhängigen Georgien – einer der unruhigsten Ecken der zerfallenden UdSSR.

DIE MENSCHENKETTE

Die Paradoxie der Lage äußerte sich darin, dass jeder Schritt in Richtung größere Freiheit auch die Desintegration des Vielvölkerstaates mit sich brachte. Dabei war es noch harmlos, wenn eine nationale Bewegung kollektiven Gesang als Kampfmittel verwendete – wie in Estland auf dem Sängerfestplatz, wo 300 000 Menschen gleichzeitig Volkslieder und auch die Nationalhymne aus dem Jahre 1920 sangen. Zur gleichen Zeit veröffentlichte ein Verlag in Wilna auf Litauisch und Russisch die Geheimdokumente zum Nichtangriffspakt zwischen der Sowjetunion und Hitlerdeutschland von 1939, die die «Legitimationsgrundlage» der Okkupation der baltischen Länder bildeten. Dies war bereits eine direkte Vorstufe des Kampfes um die Unabhängigkeit. Über diese Geheimprotokolle wurde damals sehr viel diskutiert. Die sowjetische Führung schickte den Historiker Lew Besimenskij nach Bonn, um die Frage der Echtheit dieser Texte zu klären. Noch während sich aber die Sowjets um die Klärung dieser Frage bemühten, mussten sie andauernd erleben, dass etliche Völker kein Problem damit hatten, auch ohne Archivrecherchen ihr Streben nach Loslösung von Moskau zu begründen. Im Jahre 1989 begann der Ostblock zu zerfallen.

DER DOMINOEFFEKT

Auf die Entscheidung der KPdSU vom 11. Januar 1989, pluralisierte Wahlen zum Kongress der Volksdeputierten abzuhalten, reagierten zwei politische Verbündete des Kremls so, als hätten sie nur darauf gewartet. Am 17. Januar entschied sich die polnische KP-Führung für den politischen Pluralismus, am 13. Februar erklärte das ZK der Ungarischen Sozialistischen Arbeiterpartei die Bereitschaft, das Mehrparteiensystem zu akzeptieren. Die polnischen Funktionäre konnten sich in noch höherem Maße auf das Moskauer Vorbild berufen, denn in Polen entstand außer der Solidarność keine nennenswerte politische Bewegung, auch keine Partei. Während der Verhandlungen am Runden Tisch herrschte ein gewisses Einvernehmen darüber, dass man diese nicht beenden konnte, ohne eine Vereinbarung unterzeichnet zu haben. Henryk Wujec, Dissident der Siebzigerjahre, brachte diesen zwingenden Umstand auf den Punkt: «Wir wussten, dass beide Seiten unterzeichnen mussten. Die Kommunisten konnten nicht noch einmal das Kriegsrecht einführen. Ihre einzige Alternative war, noch einmal lange Jahre Apathie und das No-future-Programm zu haben. Und wir, wir waren sehr schwach. Unsere Streiks 1988/89 waren sehr schwach.» Ähnliche Worte für die Gemeinsamkeit der Kontrahenten fand der Initiator des Runden Tisches, General Jaruzelski, als er der Historikerin Claudia Kundigraber im April 1994 sagte: «Tatsächlich war die eine wie die andere Seite schwach. Die Streiks scheiterten, und dass die Solidarność schwach war, dazu können Sie Lech Wałęsa und Jaroslaw Kaczyński fragen, sie haben zu dem Thema veröffentlicht. Sie waren schwach, schwach. Und wir waren auch sehr schwach.» Nach der ersten Plenarsitzung im Präsidentenpalast fanden die meisten Verhandlungen in der hübschen Siedlung Magdalenka bei Warschau mit ihren Datschen für Funktionäre statt, wohin die Teilnehmer in sogenannten Mikrobussen gefahren wurden.

Der von Bronisław Geremek und Stanisław Ciosek geleitete Haupttisch Politik beschäftigte sich mit der Frage der Machtverteilung. Man dachte einvernehmlich an das Vorkriegsmodell: ein Zweikammernparlament mit dem Sejm als Nationalversammlung und dem Senat als Oberhaus sowie die Institution eines starken Präsidenten, eindeutig auf Jaruzelski zugeschnitten. Auch außerhalb der Tafelrunde kam es zu einem informellen Gedankenaustausch. Der Premier Rakowski nannte diese Treffen» «modoprivato». So entwickelten der Funktionär Stanisław Ciosek und der Bischof Alojzy Orszulik die Formel, dass bei den anstehenden Wahlen die Kommunisten und ihre treuen Koalitionspartner 60 Prozent der Mandate erhalten sollten und die Parteilosen – also praktisch die Kandidaten der Opposition – 40 Prozent. «Und, was Wunder», erzählt Rakowski, «die Opposition akzeptierte diesen Vorschlag. 40 Prozent! Von einem solch hohen Anteil hatten die Vertreter der als Bürgerkomitee bezeichneten Regierungsgegner nie geträumt. Ein Teil der Genossen, darunter auch ich, hielt eine solche Verteilung der Parlamentssitze für allzu großzügig.» Nach einer Weile wurden die Anteile auf 65 Prozent beziehungsweise 35 Prozent korrigiert. Auf der Basis dieser Prozentzahlen entstand das sogenannte Vertragsparlament.

Am 5. Mai 1989 stand dem Abkommen nichts mehr im Wege. Man feierte, und das zu Recht, das Ergebnis als Erfolg und war stolz darauf, von Pole zu Pole miteinander geredet zu haben. Im Sommer 1989 eroberte die Solidarność bei den von keinem Vertrag eingeschränkten Senatswahlen 99 von 100 Plätzen. Allerdings lag die Wahlbeteiligung bei diesem ersten halbwegs demokratischen Kräftemessen nur bei 62 Prozent, was von einer unveränderten Skepsis der Bürger gegenüber der Willensbildung via Stimmzettel zeugte. Zwei Jahre später, bei den ersten völlig freien Sejm-Wahlen, für die bereits mehr als 30 Parteien kandidierten, sank die Beteiligung auf 43 Prozent.

Mit oder ohne hohe Wahlbeteiligung bedeutete der erste Urnengang auf jeden Fall eine katastrophale Niederlage für die kommunistische Partei. Trotz ausgehandelter Vorrangplätze musste die PVAP nicht nur den Triumphzug ihrer Gegner in den Senat erdulden. Besonders unangenehm traf sie die Tatsache, dass von den 35 Direktmandaten ihrer sogenannten «Landesliste», die gewöhnlich den Spitzenapparatschiks vorbehalten war und die sie aus Versehen nicht im Vertrag beansprucht hatte, nur fünf Kandidaten genügend Stimmen erhielten. So schafften es hohe Repräsentanten der Partei und des Staates wie Kiszczak, Ciosek und Rakowski, Initiatoren und Akteure des Runden Tisches, im ersten Wahlgang nicht, in den Sejm zu kommen. Um ihnen weitere Demütigungen zu ersparen, veränderte man vor dem zweiten Urnengang mithilfe der Opposition sogar die Wahlordnung.

Die ersten beunruhigenden Meldungen, so lesen wir in Rakowskis Memoiren, trafen aus den polnischen Auslandsvertretungen ein. Hier war der Nachteil der Machthaber besonders auffällig, denn das Personal der Botschaften und anderer Einrichtungen war mehrheitlich aus Genossen zusammengesetzt: «Spätabends konnten wir im Wahlstab die Niederlage kommen sehen. Am nächsten Morgen stand sie fest. Alle unsere Senatskandidaten waren abgewählt worden. Mittags berief Jaruzelski eine erweiterte Sitzung des Sekretariats des Zentralkomitees ein. Nach außen zeigte sich der General beherrscht, doch ich kannte ihn zur Genüge, um zu wissen, dass die äußerliche Fassung bittere und pessimistische Gedanken verbarg.» Kiszczak bezeichnete die Senatswahlen als «unsere hundertprozentige Niederlage». Das Politbüromitglied Władysław Baka, selbst aktiver Teilnehmer der Verhandlungen am Runden Tisch, sagte, die Wahlergebnisse hätten jegliche Befürchtung noch übertroffen. «Das Volk wollte uns einfach nicht mehr! Und damit hatte es recht.»

Ohne Zweifel bestand nun die Gefahr, dass die siegestrunkene Menge, die auf den Straßen der Großstädte das «Ende der Kommune» bejubelte, das Wahlergebnis als Korrektur des «Vertragsparlaments» ansehen und in diesem Sinne Druck auf die Opposition ausüben würde. Die Verhandlungen waren von Streiks und Demonstrationen begleitet gewesen, bei denen sich die soziale Frustration häufig in antikommunistischen und antisowjetischen Parolen artikuliert hatte, was wiederum bei den Funktionären Urängste auslöste.

Die politische Lösung kam schließlich von der Führung der Opposition, die gleich nach der Bekanntgabe ihres Sieges eine Delegation zu General Kiszczak sandte. Mazowiecki, Geremek und Bischof Orszulik teilten im Namen von Lech Wałęsa mit, dass sie nicht an eine Machtübernahme dächten und nicht einmal eine Regierungsbeteiligung im Sinn hätten. Um die Vertragslösung noch einmal plausibel zu machen, ergriff Adam Michnik das Wort in seiner *Gazeta Wyborcza* (Wahlzeitung), die von der Solidarność im Vorfeld der Wahl gegründet worden war. Hier erschien am 3. Juli 1989 der Leitartikel des Chefredakteurs mit dem später legendären Titel «Wasz prezydent – nasz premier» (Euer Präsident – unser Premier):

«In nächster Zeit wird über das politische System in Polen entschieden. Bisher weckte die Person des Präsidentschaftskandidaten die meisten Emotionen. Es ist schlecht, wenn in solch einer Situation Erinnerungen und Rhetorik die Oberhand gewinnen. Versuchen wir die Sache in Ruhe unter die Lupe zu nehmen. (…) Die wirtschaftliche Lage ist katastrophal. Dem Land drohen gesellschaftliche Ausschreitungen und Unruhen. Der überwältigende Sieg der Solidarność während der Wahlen beweist, dass die Polen für eine grundlegende Veränderung eintreten. (…) Polen braucht jetzt eine starke und glaubwürdige Führung. (…) Jedoch liegt es nicht an den Menschen, sondern an den Mechanismen. Es ist ein neues System notwendig, das durch alle wichtigen politischen Kräfte approbiert wird. Ein System, das neu ist, aber eine Kontinuität garantiert. Solch ein System kann nur auf einem Abkommen basieren, aufgrund dessen ein Kandidat der PVAP zum Präsidenten gewählt wird und der Premierministerposten sowie die Aufgabe der Regierungsbildung einem Kandidaten der Solidarność zufallen. (…) Nur eine solche Zusammensetzung der Führungsgremien hat Chancen auf eine adäquate Hilfe bei dem Wiederaufbau der Wirtschaft des Landes.»

DER BESUCH DES PRÄSIDENTEN BUSH SENIOR

In die Katerstimmung nach der historischen Wahlniederlage der PVAP platzte ein von langer Hand geplanter Besuch hinein: Der Präsident der Vereinigten Staaten, George Bush senior, landete auf seiner Europatour am 9. Juli auf dem Warschauer Flughafen. Er war ein wenig irritiert, weil er wusste, dass der polnische Staatschef, der ihn auf der Rollbahn erwartete, der große Verlierer der letzten Wahlen war und es so aussah, als ob dieser recht wenig Lust hätte, sich für eine neue Kandidatur zur Verfügung zu stellen. Für den amerikanischen Präsidenten wäre es in diesem

Fall vielleicht richtiger gewesen, gleich nach Danzig zu fliegen, wo der aussichtsreichere Partner, der Oppositionschef Wałęsa, seiner harrte. Doch Bush erinnerte sich an die Begegnung mit beiden im Herbst 1987, als er den General trotz seiner kommunistischen Weltanschauung eindeutig sympathischer fand als den Querulanten von der Solidarność. Vermutlich deshalb führte er mit dem Staatschef statt der protokollarisch vorgesehenen kurzen Unterredung ein zweistündiges Gespräch. Und, so berichtete der Insider Strobe Talbott, «er vermittelte Jaruzelski das Gefühl, ein Staatsmann zu sein, der sein Land durch eine schwierige Phase zu lotsen versucht, «und nicht ein geschlagener Soldat, der beim Aushandeln der Kapitulationsbedingungen verzweifelt versucht, einen Rest von Würde zu bewahren».

Talbott behauptete sogar, der US-Präsident habe in seiner Gutmütigkeit den unsicheren, gestressten Kollegen förmlich aufgebaut und ihn zur Kandidatur ermuntert. Damit erntete er bestimmt kein Lob von den ungefähr sechs Millionen Amerikanern polnischer Abstammung, unter ihnen gestandene Kommunistenfresser. Dass der Bericht Talbotts keine spöttelnde journalistische Zuspitzung war, bestätigte der General selbst, als er in einem Interview des Schweizer Journals *Magazin* Anfang 2008 seine Version des Gesprächs wiedergab: «Ich wollte nicht Präsident werden. Es gab damals eine Welle von Anschuldigungen, (…) sodass ich offiziell verkündete, nicht fürs Präsidentenamt zu kandidieren. Im Juli 1989 stattete Präsident George Bush senior Polen einen Besuch ab. Geplant war ein Höflichkeitsbesuch, zehn Minuten beim Kaffee. Daraus wurden zwei Stunden (…) Als ich wusste, dass mich die Amerikaner unterstützen, habe ich zugesagt.» Bush schrieb dazu in seinen Memoiren: «Und ich musste einen kommunistischen Führer dazu überreden, Präsident werden zu wollen.»

Der hohe Gast bewegte sich fast schlafwandlerisch in dieser Welt zwischen gestern und morgen. Im Sejm versprach er Polen 15 Millionen Dollar zu ökologischen Zwecken sowie eine Aufstockung der Hilfe vom amerikanischen Kongress um weitere 100 Millionen. Dabei musste ihm inzwischen klar sein, dass seine Gastgeber von solchen Beträgen wenig begeistert waren. Überhaupt wollten in diesem Lande alle nur über Geld mit ihm reden. Der noch amtierende Premier Rakowski sagte zu ihm, nur scheinbar scherzend: «Sie haben, Herr Präsident, viele meiner Landsleute enttäuscht … (…) Man hatte einen Scheck über zehn Milliarden Dollar mit der Widmung erwartet: Dem tapferen polnischen Volk in Dankbarkeit, George Bush.» Und er schilderte eingehend die kolossale Verschuldung seines Landes. Nachmittags in Danzig schlug Rakowskis Erzfeind Wałęsa in dieselbe Kerbe. Zehn Milliarden Dollar, über drei Jahre verteilt, seien notwendig, sonst breche die Hölle los, meinte der Arbeiterführer.

Zum unvermeidlichen Eklat kam es, als der Bush-Begleiter John H. Sununu, Gouverneur von New Hampshire, in einem Interview erklärte, man müsse mit den großzügigen Krediten aufpassen, sonst benehme sich Polen «wie ein Kind in einem Süßwarenladen». Der sicher nicht böswillige Politiker traf mit dieser Bemerkung eine empfindliche Stelle der Osteuropäer, das Kleinkarierte im Großartigen, die Mentalität einer Bananenrepublik, die in ihren Staaten oft zu finden war. In der Tat stellten sich die von der Diktatur befreiten ehemaligen Ostblockstaaten voller infantiler Hoffnungen, die Hand aufhaltend, in die Warteschlange vor der Tür zu ihrer Zukunft.

So brachten Polens erste halb freie Wahlen einen sichtbaren Durchbruch der Opposition im Sejm und einen absoluten Triumph im Senat. Die neue Regierung führte, wie von Michnik vorgeschlagen, zum ersten Mal seit 1947 ein Nichtkommunist: Tadeusz Mazowiecki. Präsident der Republik blieb zunächst General Jaruzelski. Damit war eine Pioniertat vollzogen und der Weg in die demokratische Gesellschaft eröffnet. Es war äußerst wichtig, dass der Prozess bis dahin friedlich verlaufen war – vor allem, dass die befürchtete Einmischung der Sowjetunion, die bisher alle Reformhoffnungen in Osteuropa zum Scheitern verurteilt hatte, diesmal ausblieb.

DER ZWEITE DOMINOSTEIN – UNGARN

Das polnische Beispiel war wie eine Aufforderung zur Nachahmung. In Warschau war ein Drehbuch geschrieben worden, dem anderswo entsprechend gefolgt werden konnte – je nachdem, wie reif der Konflikt zwischen Staat und Zivilgesellschaft in den einzelnen Staaten war. Zweifelsohne bot sich Ungarn als Schauplatz der nächsten politischen Auseinandersetzung an. Ging es in Polen ursprünglich um die «Rehabilitierung» der Solidarność, so entfaltete sich in Ungarn die Konfrontation um ein Ereignis, das schon viel länger zurücklag.

Wie eine politische Bombe erschien ein Interview mit Imre Pozsgay im Budapester Rundfunk in der letzten Januarwoche 1989. Auf die Frage des Reporters, wie die vom ZK der Partei beauftragte, von ihm geleitete Historikerkommission die Ereignisse des Oktobers 1956 beurteile, antwortete der Politiker: «Nach dem jetzigen Forschungsstand betrachtet die Kommission das, was 1956 geschah, als einen Volksaufstand, als einen Aufstand gegen eine oligarchische und die Nation demütigende Herrschaftsform. (…) Die Politik denkt in letzter Zeit anders über 1956. (…) Das summarische Urteil, das alles, was 1956 geschah, mit einem einzigen Wort als Konterrevolution qualifiziert, spiegelt die Gesinnung in der Öffentlichkeit und eines Teils der Parteimitglieder wider. (…) Dieser Ausdruck aber behält aufgrund der bisherigen Forschungen offensichtlich nicht seine Richtigkeit.»

Damit war der Weg zur Rehabilitierung von Imre Nagy und seinen Kampfgefährten offen. Die Familienangehörigen der Opfer und das Komitee zur Wiederherstellung historischer Gerechtigkeit forderten die Neubestattung der Toten, unter ihnen auch etwa hundert junge Aufständische, die namenlos verscharrt worden waren. Zwei erschütternde Filmdokumente bieten einen atmosphärischen Einblick in die Vorbereitungen zur Beerdigung und Rehabilitierung von Teilnehmern der in Ungarn als Revolution geltenden Oktober- und Novembertage von 1956. Das erste zeigt die Exhumierung der sterblichen Überreste der Opfer, das zweite eine von der Staatssicherheit verfertigte Aufnahme über die Verkündung des Todesurteils von Nagy und Mitangeklagte 1958, die man erst im Mai 1989 im ungarischen Fernsehen zeigte.

Der pietätvolle Akt der Wiederbestattung wurde am 16. Juni auf dem Budapester Heldenplatz und dem Friedhof Kerepes vollzogen. Die Zahl der Teilnehmer an der Trauerkundgebung schätzte man auf 300 000 Menschen.

Kádárs Tod

Im Fall von János Kádár bekam der Abschied von der Epoche Ähnlichkeiten mit dem klassischen Königsdrama. Anfang April identifizierten die Familienangehörigen ihre Toten auf dem Budapester Kerepes-Friedhof, Parzelle 301. In einer Reportage am Ort des Geschehens fragte die Journa-

Der Eingang der Kunsthalle in Trauer verhüllt: 31 Jahre nach der Hinrichtung des Ministerpräsidenten Imre Nagy und seiner Kampfgefährten werden sie in Budapest feierlich neu bestattet

listin den mit der Exhumierung beauftragten Ministerialbeamten, wo die sterblichen Überreste von Imre Nagy und seinen Mitstreitern verscharrt worden seien. Dieser deutete verlegen mit seinem Fuß auf eine Stelle im Rasen und sagte: «Hier, wo ich stehe.» Ein paar Tage später erschien der gestörte Greis Kádár unerwartet auf der ZK-Sitzung und hielt eine surrealistische Rede, die bis heute die Fantasie seiner Biografen ebenso beschäftigt wie Schriftsteller und Psychologen. Ein Auszug:

«Ich bitte um Nachsicht, weil ich mich als Erster zu Wort melde, und ich werde auch länger reden als gewöhnlich. (…) Und ich habe eine Bitte. Noch. Mein Problem ist, dass ich vergesslich bin, manchmal weiß ich, was ich will, aber ich nehme ständig ab. Sie werden etwas Seltsames von mir hören. Was ist meine Verantwortung? Das, womit ich nicht nützlich war (…) ich habe ein Leben lang frei gesprochen, und wenn ich wichtige Briefe schrieb, dafür gibt es Zeugen, dann schrieb ich sie selbst. Ich bin zwar ein primitiver Mensch, denn ich habe nur vier Klassen Mittelschule gemacht (…) aber die Schulen waren damals besser, das Kind konnte schreiben und lesen lernen, nicht immer die ewigen Reformen, jedes Jahr ein neues System, und so weiter. (…) Und mir ist es egal, was Sie mir sagen, meinetwegen kann mich jeder erschießen, denn ich bin mir immer dieser Verantwortung bewusst, dass ich niemanden namentlich nennen werde (…) und ich bitte um viel Wasser, denn ich bin nervös.» Nach dieser Ansprache, während der manche Anwesende geschluchzt haben sollen, wurde der langjährige Parteichef auch seines Postens als Ehrenvorsitzender enthoben und endgültig in den Ruhestand geschickt. Zwei Monate später war er tot.

Allerdings wurde die Szene in jenen Tagen von einem anderen Ereignis beherrscht. Präsident Bush senior war auf dem Weg nach Polen zu Besuch in Budapest und hielt einen Vortrag in der Aula der ökonomischen Universität «Karl Marx». Die Büste des Namensgebers hatte man taktvoll verhüllt. Man erwartete, dass der hohe Gast die Summe nennen würde, mit der die amerikanische Regierung der ungarischen Marktwirtschaft unter die Arme greifen wollte. Als die Zahl «25 Millionen Dollar» aus berufenem Munde ertönte, war der enttäuschte Stoßseufzer des Publikums unüberhörbar.

ABSCHIED DER UNGARISCHEN KP VON IHRER FÜHRENDEN ROLLE

An dem eckigen ungarischen Rundtisch im Parlamentsgebäude begannen die Verhandlungen am 13. Juni. Trotz oberflächlicher Ähnlichkeiten wichen die ungarischen Verhandlungen markant von den polnischen ab. In Ungarn fehlte die vermittelnde Kraft der katholischen Kirche ebenso wie eine starke Machtelite oder eine selbstbewusste Arbeiterschaft. Man verhandelte nicht mit einem zeitnahen Kriegszustand im Hintergrund, sondern aus der zynisch-gemütlichen Atmosphäre der späten Ära Kádár heraus, die bis heute erkennbare Spuren in der Mentalität der Gesellschaft hinterlassen hat. Die Opposition verhandelte nicht über das ‹Wie› des zukünftigen parlamentarischen Systems, sondern nur über den Weg dorthin. Sie forderte die Abschaffung sämtlicher Paragrafen des Strafgesetzbuches, die zur Unterdrückung der freien Meinungsäußerung dienten, und sie forderte die Auflösung der Arbeitermiliz-Kampfgruppen, die als bewaffneter Arm der USAP galten. Sie wollte den Rückzug der Parteiorganisationen aus Betrieben und Dienststellen, und schließlich betrachtete sie eine Offenlegung des Parteivermögens als unabdingbar. Die Partei und

Zwei Wochen nach der Trauerzeremonie für Imre Nagy und seine Kampfgefährten wird János Kádár im Pantheon der Arbeiterbewegung beerdigt. Sitzend bei der Aufbahrung: die Witwe Maria

ihre Verbündeten optierten für eine starke Stellung des Präsidenten der Republik, eine Position, die ihrem Spitzenpolitiker, dem Reformer Imre Pozsgay, vorbehalten bleiben sollte.

Im Grunde jedoch wussten sie spätestens nach der Neubestattung von Imre Nagy und seinen Kampfgefährten, dass sie die Schlacht historisch verloren hatten und sich bestenfalls mit einem kleinen politischen Gewinn zufriedengeben mussten. Nach damaligen Meinungsumfragen hatte die USAP ungefähr 35 Prozent der Bevölkerung hinter sich. Offensichtlich dachten die Meinungsforscher nicht an die unglaubliche Dynamik der Zeit. Diese spiegelte sich in der ironischen Art, mit der manche Gesprächspartner auf ihre Armbanduhr schauten und sagten: «Heute, um 14 Uhr 13 Minuten und 53 Sekunden, lautet meine Meinung wie folgt …»

Besonders spektakulär in dieser Hinsicht war die Beseitigung des Eisernen Vorhangs, im militärischen Fachjargon «technisches Sperr- und Festungssystem» genannt. Die monströse Militäranlage war im Frühjahr 1949 entstanden und zog sich anfänglich mit ihrem Drahtverhau, 500 Wachttürmen und etlichen «vorgetäuschten Bauwerken» entlang der westlichen und der südlichen jugoslawischen Grenze hin. Kurz nach seiner Ernennung zum Außenminister zerschnitt Gyula Horn am 27. Juni 1989 gemeinsam mit seinem Wiener Kollegen Alois Mock Stücke des verrosteten Drahtverhaus und bot damit einen Vorgeschmack auf die Maueröffnung. Angesichts des Zeitpunkts dieser freudigen Zeremonie zu Beginn der Sommersaison konnte man damit rechnen, dass die über die «Tagesschau» ausgestrahlten Bilder ihre Wirkung auf die nach Ungarn reisenden DDR-Bürger kaum verfehlen würden.

Der Eiserne Vorhang markierte keine ausschließlich ungarisch-österreichische Grenze, sondern galt als Demarkationslinie zwischen den beiden Welten. Versuchte ein Bürger aus einem beliebigen Mitgliedsstaat des Warschauer Vertrags die Volksrepublik Ungarn illegal zu verlassen, so machte er sich damit einer Grenzverletzung auch nach der Gesetzgebung des eigenen Landes schuldig. Dementsprechend wurden aufgrund eines Abkommens von 1969 DDR-Flüchtlinge, die von den ungarischen Behörden festgenommen worden waren, den dortigen Organen ausgeliefert. Allein im Jahre 1988 gab es 1088 solcher Pechvögel. Trotz Ungarns Beitritt zur Genfer Konvention wurde diese menschenverachtende Praxis noch bis Ende Mai fortgesetzt, also mit Wissen und Billigung von Miklós Némeths «Reformregierung».

In den Tagen der Massenflucht entfaltete sich unter den Führern der Parteispitze ein sozialistischer Wettbewerb um die Frage, wer von ihnen den Flüchtlingen aus dem Bruderland mehr und schneller helfen würde. Imre Pozsgay und Otto von Habsburg hatten zweifellos die Schirmherrschaft über jenes Paneuropa-Picknick an der Grenze zwischen Ungarn und Österreich, das den DDR-Bürgern Gelegenheit zum spontanen Überqueren der Grenze gab, selbst wenn sich beide Politiker aus taktischen Gründen von dem Großereignis fernhielten. Eine Aufhebung des immer noch gültigen Schießbefehls sowie eine Entscheidung zur Legalisierung der Ausreise konnten jedoch nur von der Regierung ausgehen, und diese stand theoretisch noch unter der Führung der formal herrschenden Partei. So war es kein Wunder, dass sich Károly Grósz, Gyula Horn, Miklós Németh und Imre Pozsgay über die Urheberschaft dieses europäischen Befreiungsaktes nicht einigen konnten.

V.
BESCHLEUNIGUNG DER GESCHICHTE
(1989)

DER DRITTE DOMINOSTEIN – DIE DDR

Bis Ende August des Jahres 1989 reisten 733 994 DDR-Bürger nach Ungarn ein – eine absolute Rekordzahl. Auf die Grenzöffnung folgte im August und September noch eine «Nachsaison-Welle». Obwohl nur ein kleiner Teil – insgesamt rund 60 000 Reisende – Ungarn als Transitland auf dem Weg seiner «Republikflucht» betrachtete, löste der Exodus neben den Botschaftsbesetzungen in Warschau, Prag und Budapest die eigentliche Systemkrise aus, die alle Widersprüche des Gemeinwesens DDR auf den Punkt brachte: Die Partei und die von ihr geführte Gesellschaft konnten nicht mehr miteinander leben. Die Flüchtenden ließen sich in einem Land nieder, das ebenfalls Deutschland hieß, als ideologischer Feind galt – und bei dem die DDR gleichzeitig bis zum Hals verschuldet war. Der andere Gegensatz kulminierte darin, dass die Behörden, während sie Anträge auf Reise oder Ausreise mit quälenden Laufzetteln und monatelangen Schikanen ahndeten, kein Problem damit hatten, unbequeme Intellektuelle, die das Land gar nicht verlassen wollten, binnen vierundzwanzig Stunden in Richtung Bundesrepublik Deutschland zu entsorgen.

Neues Kopfzerbrechen bereiteten der SED-Riege diesmal auch die Daheimgebliebenen, die Lüge und Gewalt, Zensur und Bespitzelung nun nicht mehr wie früher kraftlos hinnahmen, sondern selbst vor Demonstrationen nicht zurückschreckten. Selbstverständlich ermunterte sie das Beispiel von Ungarn und Polen, und sie konnten sich bei ihrer Kritik der Missstände auf die Perestroika berufen – erfahrungsgemäß folgte die Führung des «Arbeiter- und Bauernstaates» immerwährend dem Moskauer Vorbild. «Von der Sowjetunion lernen heißt siegen lernen» lautete der offizielle Slogan, und nun war es Gorbatschow, der ein neues Kapitel im Lehrbuch aufgeschlagen hatte.

Einsamer DDR-Schlafsacktourist am See – 60 000 gingen über die Grenze

MASSENFLUCHT UND STAATSKRISE

Die Fluchtbewegung verpasste der ohnehin schwachen Infrastruktur der DDR einen empfindlichen Schlag. Plötzlich fehlten allerorten Ärzte, Krankenschwestern, Kellner und Facharbeiter. Diese Tatsache bewog Erich Mielke, Minister für Staatssicherheit, zu der Einsicht, dass man nach den konkreten Ursachen für den Exodus suchen müsse. Auf einer streng vertraulichen Dienstbesprechung der Bezirksleiter seiner Firma sagte er: «Ein großer Teil derer, die jetzt weggehen, sind große Drecksäcke. Das ist wirklich so. Ich übertreibe vielleicht etwas damit. Aber trotzdem ist das ein Unterschied. Die Anzahl, die da weggeht, das ist empfindlich. Auch wenn es so miese Säcke sind, die da weggehen, bleibt die Tatsache, dass Arbeitskräfte weggehen.»

Weniger einsichtsvoll zeigten sich die offiziellen Stimmen, wie jene von Wolfgang Meyer, Pressesprecher im Außenministerium, dessen Erklärung am 2. Oktober die Öffentlichkeit erreichte: «Die Regierung der DDR ließ sich davon leiten, dass jene Menschen bei Rückkehr in die DDR, selbst wenn das möglich gewesen wäre, keinen Platz mehr im gesellschaftlichen Prozess gefunden hätten. Sie haben sich selbst von ihren Arbeitsplätzen und von den Menschen getrennt, mit denen sie bisher zusammen lebten und arbeiteten. (…) Hinzu kommt, dass sich nach bisherigen Feststellungen unter diesen Leuten auch Asoziale befinden, die kein Verhältnis zur Arbeit und auch nicht zu normalen Wohnbedingungen haben. Sie alle haben durch ihr Verhalten die moralischen Werte mit Füßen getreten und sich selbst aus unserer Gesellschaft ausgegrenzt. Man sollte ihnen deshalb keine Träne nachweinen.»

Um die Haltung von Vater Staat gegenüber seinen verstoßenen Kindern zu verdeutlichen, erschien gleichzeitig eine in Petit gesetzte Nachricht: «Wohnungen ehemaliger DDR-Bürger werden umgehend neu vergeben. Den örtlichen Organen wird anheimgestellt, frei gewordene Wohnungen umgehend an neue Mieter, die daran Interesse haben, zu übergeben.» Diese scheinbar «soziale Maßnahme» war gut geeignet, Öl ins Feuer zu gießen. Gleichzeitig strotzten die Medien vor Erfolgspropaganda: Der britische Verleger Maxwell hatte ein Buch über die DDR veröffentlicht und das erste Exemplar persönlich dem SED-Chef geschenkt, während gleichzeitig der oberste Spielleiter des Friedrichstadt-Palastes und die Puhdys den Goethe-Preis der Hauptstadt erhielten. Der technische Fortschritt wurde sichtbar durch einen 1-Megabit-Schaltkreis der Firma Robotron, den man sich im Museum für Deutsche Geschichte durch ein Mikroskop anschauen konnte. Die Gesellschaft der Siebenten-Tags-Adventisten bedankte sich bei Erich Honecker für die Möglichkeit, in der DDR Gotteshäuser bauen zu können. Die kleine Kirche überlegte in ihrer Grußadresse, «wie man durch helfende Antworten noch stärker dazu beitragen könne, dass jedem Bürger des Landes die DDR zur Heimat wird, in der er sich wohl und geborgen fühlt».

«JUBILÄUM 40»

Man handelte improvisierend und kopflos, wohl ahnend, dass das System kaum, bestenfalls sein Jubiläum zu retten war. «Jubiläum 40» lautete auch der nicht besonders fantasievoll kodierte Sicherungsplan des Ministeriums für Staatssicherheit für die Feierlichkeiten – für den Festakt im Palast der Republik, die Parade der Volksarmee, den Fackelzug der FDJ und den

Empfang der 4000 Ehrengäste, unter ihnen Parteichefs wie Ceaușescu, Schiwkow und Jakeš, vor allem jedoch der Hauptgast, dem man imponieren wollte: Michail Gorbatschow aus Moskau. Um die Spannungen außerhalb des Landes zu mildern, erlaubte man den Flüchtlingen in der Prager Botschaft, also denjenigen, denen man «keine Träne nachweinen sollte», möglichst schnell in die Bundesrepublik auszureisen. Diese Geste erwies sich als Eigentor, denn sie löste eine neue Welle von Touristenreisen nach Prag aus, und viele Menschen in Dresden stürmten den Hauptbahnhof, während der Zug der Freigelassenen passieren sollte. Daraufhin führte die DDR-Regierung die Visapflicht für Reisen in die ČSSR ein.

Alles sollte Normalität ausstrahlen, als sei die Republik unerschütterlich wie der Wechselkurs von Ost- und Westmark, laut Mitteilung der Staatsbank der DDR wie immer eins zu eins. Auf die fieberhaften Vorbereitungen für das Wochenende des 6. und 7. Oktobers wiesen höchstens die stadtweiten Verkehrsregelungen hin. Ein Spalier von 30 000 «gesellschaftlichen Kräften» sollte auf den breiten Straßen des Stadtzentrums stehen, um etwaige Demonstrationen oder den Versuch, die Mauer zu durchbrechen, im Keim zu ersticken. Demselben Zweck dienten die zahlreichen Patrouillen der Volkspolizei im Stadtteil Prenzlauer Berg sowie die Schließung der Treffpunkte der Opposition wie z.B. der Gethsemanekirche. Es galt, allen potenziellen Störenfrieden vorbeugend Angst einzujagen.

Diese Angst schwebte bereits seit Wochen über dem Land, verkörpert durch die Bilder vom Platz des Himmlischen Friedens in Peking, wo am 4. Juni die Studentendemonstrationen mit Panzern aufgelöst worden waren. Das über die Westmedien allgemein bekannt gewordene Blutbad stärkte die Vorstellung, die in die Ecke getriebene Staatsmacht könnte in der DDR Ähnliches anrichten. Der Glaube an diese Version speiste sich nicht zuletzt aus der Tatsache, dass die offizielle DDR die Niederwerfung der «Konterrevolution» in der Volksrepublik China begrüßte hatte und diese Haltung ausgerechnet im Vorfeld des Jubiläums bestätigte, als Egon Krenz zum 40. Jahrestag der Gründung der Volksrepublik China Peking besuchte. In Wirklichkeit ging es bei den Verhandlungen während des dortigen «Jubiläums 40» unter anderem um den grotesken Plan, den aufgrund der Massenflucht entstandenen Arbeitskräftemangel in der DDR durch Vertragsarbeiter aus Peking auszugleichen. Außerdem kehrte Honeckers «Kronprinz» bereits damals mit der festen Absicht zurück, seinen

Chef mithilfe der sowjetischen Freunde so bald wie möglich zu stürzen, um die «führende Rolle» der SED zu retten.

Dies war jedoch nur einem ganz engen Personenkreis bekannt. Am 10. September hingegen erreichte die ganze Bevölkerung über Westmedien das Gründungsmanifest der Oppositionsbewegung «Neues Forum», ein Dokument des Minimalkonsenses, mit seinem berühmt gewordenen ersten Satz: «In unserem Lande ist die Kommunikation zwischen Staat und Gesellschaft offensichtlich gestört.» Die präzise ausgewogenen Leitsätze dienten einerseits dazu, niemanden abzuschrecken, andererseits gaben sie die tief empfundene Intention der Bürgerbewegung wieder, Veränderungen nicht durch Verschärfung, sondern durch Minimalisierung der Konflikte zu erreichen. So forderte das Neue Forum weder den Rücktritt der Regierung, noch stellte es die Frage nach der Verantwortung für die krisenhafte Situation. Damit erwies es sich im Vergleich zu Solidarność oder der ungarischen Opposition geradezu als idealer Ansprechpartner für einen etwaigen Runden Tisch. Allerdings hatte die SED-Führung vor diesem Möbelstück mehr Angst als vor der nächsten Montagsdemo am 9. Oktober in Leipzig. Offensichtlich hatte die völlig unangemessene Brachialgewalt anlässlich der Jubiläumsfeierlichkeiten am 7. und 8. Oktober die Moral der Sicherheitskräfte gestärkt. Sie waren erbost, dass es den Vertretern der Zivilgesellschaft trotz des «Spaliers der gesellschaftlichen Kräfte» gelungen war, einen Protestmarsch im Stadtzentrum zustande zu bringen.

Unter dem Schutz von Gummiknüppeln und Tränengas hatte das Jubiläum scheinbar erfolgreich stattgefunden. Gorbatschow stand auf der Tribüne und hörte die Rufe der Protestdemonstration: «Gorbi, hilf uns!», was Honecker offensichtlich nicht als eine Meinungsäußerung gegen seine eigene Person verstehen wollte. Vielmehr rühmte er sich bei dem abendlichen Empfang für die ausländischen Delegationen gegenüber den polnischen Gästen mit seiner technischen Errungenschaft, einem Mikroprozessor. Außer den Polen und Ungarn waren alle anwesenden Repräsentanten des Ostblocks der Meinung, sie selbst hätten keine so gravierenden Probleme wie die DDR. Der tschechoslowakische Parteichef Miloš Jakeš dachte, solange der Fleischkonsum in seinem Land 90 Kilogramm pro Einwohner nicht unterschreite, müsse man keine Angst vor der Charta 77 haben. Er machte sich nur wegen der Unzahl verlassener Trabis Sorgen, die in der Prager Innenstadt ein Verkehrschaos auslösten. Der bulgarische Diktator Todor Schiwkow rügte in einem Privatgespräch sogar die DDR und gab den Genossen den Rat, die Mauer doch lieber niederzureißen. Nicolae Ceaușescu saß da mit versteinertem Gesicht und fühlte sich durch die Krise in den Nachbarländern voll im Recht. Er selbst habe bereits Ende August gegen die polnische Regierungsbildung gemeinsam mit der Solidarność in einer diplomatischen Note protestiert. Die kleinen Pharaonen hatten nicht die leiseste Ahnung, dass ihnen nur noch weniger als zwei, drei Monate ihrer Macht übrig blieben und dass ihr Thron bald einstürzen würde.

Egon Krenz hingegen nutzte den Anlass, Valentin Falin am Rande des Empfangs ungeschminkt seine Enttäuschung über Honeckers soeben gehaltene Festrede mitzuteilen. Falin war Leiter der Internationalen Abteilung des ZK der KPdSU, ein Mann, auf den die sowjetische Nummer eins in allen deutschen Fragen vorbehaltlos hörte. So konnte dieser Anfall von Ehrlichkeit als Weichenstellung zu baldigen Veränderungen gedeutet werden. Wichtig war vor allem, die zwei darauffolgenden Montage in Leipzig, den 9. und den 16. Oktober, gewaltfrei über die Bühne zu bringen. Dazu musste der scheinbar arglose Erich Honecker selber beitragen, als er am Vorabend des zweiten Montags den für ihn eher untypischen «Befehl Nr. 9/1989» unterzeichnete: «Der Einsatz der Schusswaffe im Zusammenhang mit möglichen Demonstrationen ist grundsätzlich verboten.» Inzwischen war Honeckers bevorstehende «Abdankung» in aller Munde. Die *Bild*-Zeitung titelte bereits am 11. des Monats: Der 18. Oktober soll Erich Honeckers letzter Arbeitstag sein! Nur der Betroffene selbst will nichts davon geahnt haben.

HONECKERS STURZ

Nach Honeckers Sturz am 17. Oktober beschleunigten sich die Ereignisse. Die Protestkundgebungen mit ihren Forderungen nach Demokratie, zunächst noch im Rahmen des bestehenden Systems, zogen immer mehr Menschen an und erstreckten sich nunmehr auf die ganze Republik. Es entstand eine Parteienlandschaft, die bereits nicht mehr auf die offizielle Genehmigung seitens der Herrschenden angewiesen war. Trotzdem trugen die beiden größten Massendemonstrationen – am 23. Oktober 1989 in Leipzig und am 4. November in Berlin – nur atmosphärisch zur Demokratisierung bei. Das Machtmonopol der SED blieb intakt, die Wachablösungen im Apparat (Abdankung von Willy Stoph, Harry Tisch und Margot Honecker) waren rein kosmetischer Natur. Das MfS warb noch aktiv um Spitzel und machte ihnen erstaunliche Geschenke. Die Änderungen geschahen im Geiste der zwischen Krenz und Gorbatschow in Moskau festgelegten Agenda, lösten aber vor allem die empfindlichste und schmerzhafteste Frage nicht: Das Flüchtlingsproblem klaffte wie eine unversorgte Wunde am Körper der Gesellschaft.

Ein in Eile veröffentlichter Entwurf des Reisegesetzes am 6. November löste wegen seiner restriktiven Formulierungen allgemeine Empörung aus. Es wurde klar, dass der tief verschuldete Staat über keinerlei Mittel zur Finanzierung der Reisefreiheit verfügte. Man schickte den Devisenbeschaffer und Geheimdiplomaten Schalck-Golodkowski auf den Weg nach Bonn, von wo aus er mit der Botschaft des Bundeskanzlers zurückkehrte, jegliche Unterstützung sei mit der ultimativen Forderung gekoppelt, dass «die SED auf ihr absolutes Führungsmonopol verzichtet (…) Unter diesen Bedingungen hält der Bundeskanzler vieles für machbar und möglich.» Ein paar Tage zuvor hatte noch Egon Krenz auf einer Pressekonferenz behauptet, er würde alles tun, damit «der in der Verfassung verankerte Führungsanspruch der Partei» realisiert werde. Nun platzte Kohls Ultimatum in das Geschehen hinein. Wie sollten die SED-Oberen nun verfahren, um endlich vor dem nächsten und übernächsten Montag, vor Berlin und Leipzig, vor den Flüchtlingen und Pfarrern, Schriftstellern und Dissidenten und letztendlich sogar vor sich selbst Ruhe zu haben? Das Einzige, was sie noch in die Waagschale werfen konnten, war die Mauer.

Während das darauf folgende ZK-Plenum am 9. November die «führende Rolle der Partei» ausdrücklich nicht auf seine Tagesordnung setzte, eilte von dort aus der Berliner Parteichef Günter Schabowski in das Internationale Pressezentrum, um den Journalisten ihre Fragen zu beantworten. In seiner Jackentasche trug er einen Zettel, den ihm Krenz beiläufig zugeschoben hatte. Den Text las er dann leicht stotternd, quasi selber überrascht vor. Es ging um die sofortige Möglichkeit, nur mit dem Personalausweis private Reisen in die Bundesrepublik beantragen zu dürfen. Weder Reiseanlässe noch Verwandtschaftsverhältnisse sollten angegeben werden. Auf die Frage eines italienischen Journalisten, ab wann diese Möglichkeit bestehe, antwortete er mit knapp zwei Worten: «Ab sofort.» Damit löste er, gewollt oder ungewollt, den fröhlichsten Karneval der deutschen Nachkriegsgeschichte aus.

Im Nachhinein verbindet man den ersten Schritt zu einer möglichen deutschen Wiedervereinigung mit dem Treffen Gorbatschow – Bush Anfang Dezember auf dem sowjetischen Kreuzfahrtschiff ‹Maxim Gorki›. In der Tat, so erklärte der sowjetische Staatspräsident nach diesen Verhandlungen an der Küste von Malta, einigten sich beide Seiten hier über das Ende des Kalten Krieges. In Wirklichkeit bedeutete die deutsch-deutsche Grenzöffnung in Berlin und anderswo, die im Übrigen die «führende Rolle» der SED um nur knapp einen Monat verlängerte, dass zumindest in Europa der Zankapfel dieser jahrzehntelangen Konfrontation verschwand. Eine andere Folge war die Tatsache, dass ab dem 9. November 1989 zwischen den Mitgliedstaaten des Warschauer Vertrags und dem westlichen Teil des Kontinents ein ungefähr 2600 Kilometer langer frei passierbarer Grenzabschnitt entstand. Dieser hätte selbst ohne jede Deklaration wenn nicht das Ende, so doch die Sinnlosigkeit des Kalten Krieges deutlich zum Ausdruck gebracht. Ob die DDR mit ihrem geschwächten Staat und ihrer chaotischen Wirtschaftssituation die eigene Staatlichkeit aufrechterhalten konnte, blieb dahingestellt. Jedenfalls mussten Kartographen in jenen Tagen über einen neuen Berliner Stadtplan nachdenken und angesichts der bewegten Zeiten auch mit anderen, neuen Aufträgen rechnen.

Zunächst aber waren die Energien der friedlichen Revolution bei Weitem nicht erschöpft. Es folgten politische Kämpfe, und man zwang den Funktionärsstaat zur Aufgabe seines Machtmonopols. Die offene Grenze blieb keine Einbahnstraße, auch aus westlicher Richtung kamen die einst Ausgebürgerten oder auch in den Monaten zuvor Ausgereisten zurück. Anfang Dezember gab der Liedermacher Wolf Biermann in Leipzig sein erstes DDR-Konzert seit 1976, und auch der Schriftsteller Jürgen Fuchs konnte nun ungehindert in das Land reisen, aus dem er 1977 nach neun Monaten Haft als Gewissensgefangener ausgewiesen worden war.

Aufgrund vor allem ökonomischer Schwierigkeiten ließ die ursprüngliche Euphorie der Bevölkerung bald nach. Mitte Dezember, anlässlich eines Besuchs von Bundeskanzler Kohl in Dresden, wurde der Slogan «Wir sind das Volk» in «Wir sind EIN Volk» umgewandelt. Ein letztes Aufflackern

*Die «Maxim Gorki». Gipfeltreffen auf dem Schiff.
Ende des Kalten Krieges*

des DDR-Protestes war die Besetzung der Stasi-Zentrale in Lichtenberg. Damit hatte die Bürgerbewegung etwas erreicht, was sonst in keinem Ostblockland gelungen war: die Zerschlagung der Staatssicherheit.

DER VIERTE DOMINOSTEIN – BULGARIEN

Der bulgarische Führer Todor Schiwkow war unter allen Ehrengästen der Feierlichkeiten des 40. Geburtstags der DDR derjenige, der die längste Zeit an der Spitze seiner KP (seit April 1954) und seines Staates (1958) gestanden hatte. Über die intellektuellen Fähigkeiten und die Mentalität Schiwkows gingen die Meinungen der Zeitgenossen auseinander. Während er für den Mitstreiter János Kádár ein politischer Banause und Sturkopf ohne Einfühlungsvermögen war, fand der Verhandlungspartner Franz Josef Strauß geradezu hymnische Worte für ihn: «Dieser alte Revolutionär, der einen langen Lebensweg und ebenso viele Wandlungen – zur Zeit vielleicht seine letzte – hinter sich hat, hat Verständnis für offene Worte und Sinn für Humor – auch dort, wo dies für einen kommunistischen Spitzenfunktionär nicht unbedingt angenehm ist. Schiwkow gehört zu jenen Politikern im Ostblock, die wissen, dass es ohne grundlegende Veränderungen nicht weitergehen kann. Er will den langen Weg der Reformen gehen.» Dieses erstaunlich schmeichelhafte Zeugnis stellte Strauß dem bulgarischen Staatschef während seiner Bulgarienreise im Frühjahr 1988 aus. Schiwkow soll während einer Wildschweinjagd den wirtschaftlichen Kollaps seines Landes Strauß gegenüber zugegeben und die scheinbar naive Frage gestellt haben: «Was müssen wir tun, um Mitglied der Europäischen Gemeinschaft zu werden?» Offensichtlich schätzte der Bajuware den Jagdfreund nicht so sehr wegen dessen Ehrlichkeit, sondern eher wegen seiner Bauernschläue. Anscheinend glaubte auch Schiwkow an diese Eigenschaft, als er im letzten Jahr seiner Herrschaft mit seiner Reisepolitik einen Zusammenbruch provozierte, der dem in der DDR nicht unähnlich schien.

Todor Schiwkows letzte Sünde

Am 9. Mai erließ die Sofioter Nationalversammlung ein neues Passgesetz, dem zufolge ab dem 1. September 1989 jeder bulgarische Staatsbürger frei ins Ausland und auch wieder zurück reisen durfte. Das liberale, «Helsinkigerechte» Gesetzeswerk sollte, scheinbar unlogisch, erst nach der Urlaubssaison am 1. September in Kraft treten. Zunächst dachte man an ein Propagandamanöver, mit dem der Balkanstaat, der neben Rumänien den vielleicht schlechtesten Ruf im Westen hatte, für sich ein paar Pluspunkte sammeln wollte. Unerwartet hielt jedoch am 20. Mai Parteichef Schiwkow in den Abendnachrichten eine Fernsehrede, die den Hintergrund der staatlichen Großzügigkeit aufklären sollte. Er klagte das Nachbarland Türkei an, die türkische Minderheit in Bulgarien gegen den Staat aufzuhetzen, und fügte hinzu: «Aus diesem Anlass möchte ich mich im Namen der bulgarischen Muslime (sic) und in meiner Eigenschaft als Vorsitzender des Staatsrates sehr eindringlich an die entsprechenden türkischen Machthaber wenden: Öffnen Sie die Grenzen für jeden bulgarischen Muslim, der zeitweilig in die Türkei gehen möchte oder dort bleiben und leben

Bulgarien, wie es die Postkarten zeigen wollten: Sonne und Meer für Westwährung

möchte. Die Türkei soll ihre Grenzen öffnen für die Welt, im Einklang mit den internationalen Normen und Verträgen, wie es auch die Volksrepublik Bulgarien macht …»

Nach dieser beispiellosen Rede, in der ein Staatschef Hunderttausende von Einwohnern seines Landes praktisch einem anderen Staat überließ, war es kein Wunder, dass «bulgarische Muslime» die Passämter stürmten, zumal ihnen die lokalen Behörden diesen Schritt nahegelegt hatten. In den darauf folgenden Wochen passierten 350 000 Auswanderer die völlig überforderten Grenzübergänge Kapikule und Dereköy bei brütender Hitze mit Autos, Bussen, Pferdekutschen oder zu Fuß, mit wenigen Habseligkeiten, pro Person 500 Lewa in der Tasche, etwas weniger als 100 DM. Mit dieser unmenschlichen Massenvertreibung wollte das Regime die Mehrheit der Türken und Pomaken loswerden, nachdem diese gegen die Zwangsbulgarisierung ihrer Namen und das Verbot ihrer nationalen und religiösen Kultur protestiert hatten. Einer der möglichen Beweggründe des Diktators kann die Geburtenrate der türkischen Bevölkerung gewesen sein, die bedeutend höher als die aller anderen ethnischen Gruppen war.

Dieser Massenexodus hatte neben diplomatischen Komplikationen und erheblichem Imageverlust schwerwiegende Folgen für die Wirtschaft. Die mit vorwiegend türkischen Arbeitskräften betriebene, Devisen einbringende Tabakindustrie drohte völlig zu kollabieren. In der Baubranche, dem Transportwesen und in der Lebensmittelindustrie fehlten plötzlich Hilfsarbeiter – und, was am bedrohlichsten war, die Ernte schien trotz der günstigen Wetterlage zu einer Katastrophe zu werden. Merkwürdigerweise verschwand eine Unzahl von 20- und 50-Lewa-Scheinen aus dem Verkehr, sodass man sich gezwungen sah, neue Münzen in diesem Wert zu prägen – ein Schritt, der den Startschuss zur Rekordinflation der Neunzigerjahre gab. Schließlich veröffentlichte der Staatsrat der Volksrepublik einen Erlass zu «Maßnahmen zur Bereitstellung von Arbeitskräften in außergewöhnlichen Situationen», was im Klartext bedeutete, dass Männer und Frauen ab dem 18. Lebensjahr zu einem Arbeitsdienst mobilisiert werden konnten – ein Zeichen des ökonomischen Notstands. Die wegen der nachlassenden Rohstofflieferungen aus der Sowjetunion und der westlichen Verschuldung marode Wirtschaft war außerstande, die wachsenden Konsumbedürfnisse der Bevölkerung zu befriedigen.

Eine andere, ökologische Katastrophe drohte dem Balkanland schon länger. Die Donau, nördlicher Grenzfluss des Landes, wurde von einer rumänischen Chemiefabrik verpestet. Ein Kupferaufarbeitungsbetrieb in der Kleinstadt Srednogorje leitete 16 000 Tonnen Arsenschlamm ungefiltert in einen nahe gelegenen See, und das sozialistische Metallwerk «Dimitar Blagoew» am Stadtrand von Plowdiw vergiftete Boden und Luft, sodass Blutuntersuchungen an Kindern eine ärztlich nicht mehr vertretbare Bleikonzentration aufwiesen. Stickstoff, Abwasser und Abgase gefährdeten Tag um Tag die Qualität menschlichen Lebens. Kein Wunder, dass diese Problemlage eine erste Protestbewegung hervorbrachte – das «Komitee zur Rettung der Stadt Russe» 1987 und zwei Jahre später die Gruppe «Ökoglasnost».

All diese dramatischen Ereignisse schienen dem Diktator keine allzu großen Sorgen zu bereiten. Die letzten August- und die ersten Septembertage verbrachte er in Ewsinograd, einem für die Öffentlichkeit gesperrten Erholungszentrum für die höchsten Parteifunktionäre. Dort besuchte ihn der damalige Parteichef der bereits ihrer Monopolmacht verlustig gegangenen polnischen KP, Mieczysław Rakowski. Der Besucher erinnert sich an die merkwürdige Idylle in einem Staat, der auf dem Vulkan tanzte:

«Die Villa, die ich mit meiner Frau bewohnte, lag in einem wunderschönen Park voller alter Bäume. Im Mittelpunkt der Anlage stand ein Sommerpalast, erbaut vom bulgarischen Zaren Alexander I. Jeder Gast hatte außerdem noch direkt am Strand einen eigenen Bungalow zur Verfügung. Dort konnte man sich umkleiden, eine Coca-Cola oder auch etwas Stärkeres trinken. Auf dem Tisch stand eine Silberschale mit frischem Obst. Es gab dort einen überdachten Swimmingpool, einen Fitnessraum, ein Café – kurzum: Luxus auf hohem Niveau.» Der Gastgeber sprach mit seinem polnischen Genossen über andere Ostblockstaaten. «‹Ich will mich nicht in eure inneren Angelegenheiten einmischen›, sagte er, ‹aber ich bin sehr besorgt wegen der Situation in Polen, Ungarn und der UdSSR.› Besonders scharf kritisierte er die DDR: ‹Das, was sie mit ihren Bürgern machen, ist glatter Unsinn. Sollen sie doch die Mauer abreißen! Es gehe jeder, der will.› Die Lage bei sich selbst beurteilte Schiwkow mit sichtbarer Ambivalenz. Einerseits sei diese ‹nicht gefährlich›, gleichzeitig aber auch ‹nicht besonders gut›. Und nach einer Weile fügte er hinzu: ‹In Bulgarien kann es zu ebensolchen Ereignissen kommen wie in Polen.› Hätte er gewusst, wie nah diese Ereignisse waren!»

PALASTREVOLUTION IN SOFIA

Eine der populärsten und bekanntesten Persönlichkeiten Bulgariens war zu dieser Zeit die Seherin Ewangelia Guschterowa, alias Baba Wanga, eine blinde Bäuerin, die in Petritsch nahe der jugoslawischen Grenze wohnte. Sie durfte ihren für ein sozialistisches Land recht exotischen Beruf frei ausüben, ihr Dorfhaus galt sogar als Touristenmagnet. Die Befriedigung ihrer Zukunftsneugier kostete Inländer 100 Lewa und westliche Besucher 50 Dollar, während Frau Guschterowa als Staatsangestellte monatlich 200 Lewa verdiente. Sie behauptete, mit einer Treffsicherheit von 80 Prozent, Hitlers Tod, Stalins Tod, Kennedys Ermordung, den Einmarsch der Truppen des Warschauer Vertrags in die ČSSR, die Perestroika und selbstverständlich die Katastrophe von Tschernobyl vorhergesehen zu haben. Allerdings hielt sie sich mit Äußerungen über bulgarische innenpolitische Themen zurück.

War Baba Wanga als eine blinde Seherin bekannt, so erscheint Schiwkow im Nachhinein als derjenige, der gar nichts sehen konnte. Obwohl keineswegs mit Blindheit geschlagen, konnte und wollte er das Ausmaß der Krise in seinem Land nicht wahrnehmen. Als er aus Berlin nach Sofia zurückkehrte, ahnte er bereits, dass sein Thron ins Wanken geraten war. Angst hatte er jedoch nicht vor den zahlenmäßig schwachen Gruppen der Opposition, die, wie er sagte, «über keine Klassenbasis und keine soziale Position» verfügten. Auch seine Rivalen an der Machtspitze fürchtete er nicht besonders, denn er taktierte geschickt zwischen den Machtfraktionen und trickste die eine Seite gegen die andere aus. Seine wirkliche Besorgnis galt dem neuen sowjetischen Botschafter, dem KGB-General Wiktor Scharapow, der eindeutig mit Gorbatschows Mandat nach Sofia kam. Sein Auftrag bestand darin, die Perestroika in Bulgarien voranzutreiben, aber es war auch nicht auszuschließen, dass er Schiwkow isolieren und seinen Sturz, moderat ausgedrückt, nicht verhindern sollte. So blieb nur noch die Frage, wer Moskaus Mann war, das heißt, wen das ferne Politbüro in Bulgarien an der Spitze sehen wollte.

Dabei handelte es sich um den Außenminister Petar Mladenow, der unlängst noch auf seinen Auslandsreisen die Massenvertreibung der türkischen Minderheit mit dem zynischen Argument verteidigt hatte, Bulgarien wende lediglich die Schlussakte von Helsinki an. Nun schrieb er am 24. Oktober einen Brief an das ZK und lehnte darin den autoritären Führungsstil seines Chefs ab. Am nächsten Tag erschien er aus vorgetäuschten «Gesundheitsgründen» nicht auf der Sitzung des Politbüros, auf deren Tagesordnung die neue Phase der «Bulgarisierungskampagne» stand. Außerdem sagte er seine Teilnahme an einem Gespräch mit dem türkischen Außenminister ab. Diese Sabotage brachte die Führung in eine sehr prekäre Lage. Schiwkow lenkte zunächst ein, der Brief wurde nicht erörtert, und Mladenows Mission führte nach Peking, wobei er am Rande der Verhandlungen mit der chinesischen Führung «ergänzende Kontakte» wohl mit sowjetischen Diplomaten, wenn nicht telefonisch direkt mit Moskau gepflegt haben soll. Schiwkow ahnte Böses und bat Scharapow, in Moskau Konsultationsbedarf anzumelden. Der Kreml wollte jedoch diesmal seinen ältesten osteuropäischen Partner nicht sprechen.

So verlief die Sitzung des Politbüros, auf der Schiwkows Abdankung «aus Alters- und Gesundheitsgründen» mehrheitlich angenommen wurde, friedlich. «Nach der Sitzung», so erzählt der Kanzleichef Tschakurow in einem späteren Interview, «zog sich Todor Schiwkow ins Kabinett zurück, und Petar Mladenow, Dobri Dschurow (Verteidigungsminister), Georgi

Schiwkows Website: Das virtuelle Nachleben eines Diktators oder «Internetbenutzer aller Länder, vereinigt euch!»

Atanassow (Ministerpräsident), Andrej Lukanow (Minister für Außenwirtschaft) und andere gingen zu ihm. Todor Schiwkow bestellte Cognac und Wein, Petar Mladenow trank Whisky, die anderen hielten sich an Wein und Salami. Man sagte ihm, dass man sich auch in Zukunft sehen und gemeinsam Kaffee trinken werde. Derart zivilisiert, ruhig und ohne Exzesse verlief vor meinen Augen der 9. November 1989.» Ob sie an diesem Abend noch der taufrische Bericht über den Berliner Mauerfall erreicht hat, sei dahingestellt.

Schiwkows politischer Schwanengesang war eine Rede, die er am 1. November vor bulgarischen Journalisten in seiner Villa in Bojana bei Sofia hielt und von der einige Teile in den späten Neunzigerjahren veröffentlicht wurden. Man sieht ihn hinter einem improvisierten Rednerpult, auf dem eine Tasse steht. Er liest den Text energisch und eintönig vor, in der Tonart seiner jeweiligen Reden auf den Parteitagen der BKP: «Die Geschichte verfügte, dass der Sozialismus in einem unterentwickelten Land erbaut wird, deshalb haben wir es mit einer noch nicht entwickelten Gesellschaft zu tun. Der Sozialismus ist eine Frühgeburt – das ist die Wahrheit: eine Frühgeburt. Wir bleiben hinter den kapitalistischen Ländern zurück, nicht um Jahre, sondern um Jahrzehnte.»

Todor Schiwkow überlebte seinen Sturz und sogar das Gerichtsurteil wegen «Machtmissbrauch und Korruption». In seinen letzten Lebensjahren richteten seine Anhänger eine Website für ihn ein, wo der greise ehemalige Machthaber seine Memoiren veröffentlicht und sogar Mails beantwortet hat. Allerdings wurden die Botschaften an ihn, ganz wie zu Blütezeiten seiner Herrschaft, streng zensiert.

Der fünfte Dominostein – die ČSSR

Der tschechoslowakische Parteichef Miloš Jakeš wusste, als er, vom Jubiläum der DDR zurückkommend, auf dem Flughafen Prag landete, dass die Lage in seinem Lande von Tag zu Tag komplizierter wurde. Betrachtete man nur die ungenehmigten Demonstrationen, so stieg die Zahl der Teilnehmer trotz massiven Polizeiaufgebots ständig an: 1988 waren es noch einige Hundert, 1989 jedoch schon bis zu 5000 Demonstranten, die man immer schwerer mit der bewährten Technik, mit Gummiknüppeln und Wasserwerfern, unter Kontrolle bringen konnte. Verhaftungen erwiesen sich als kontraproduktiv, im Fall des Staatsfeindes Nummer 1, Václav Havel, sogar als Eigentor: Mit jedem Tag, den er im Gefängnis verbrachte, wurde sein Image im Westen besser, und über Auslandssender wie Freies Europa oder BBC wurde er auch zu Hause bekannter und populärer. Schließlich war es besser, ihn aus der Haft zu entlassen. Äußerst beunruhigend waren die Anlässe für die einzelnen Kundgebungen. Allesamt waren sie «Jubiläen», runde Jahrestage von Ereignissen, die für die Partei höchst unangenehm waren und sich mit dem Prager Frühling oder der bürgerlichen Ersten Republik von 1918 verbanden. Zuletzt hatte man im August bei einer Demonstration zum 21. Jahrestag des Prager Frühlings Polizei, Kampfgruppen, hauptamtliche und inoffizielle Mitarbeiter der Geheimpolizei STB einsetzen müssen, um Ruhe und Ordnung auf dem Wenzelsplatz herzustellen.

Als destabilisierend wirkte in den Herbstmonaten auch die Präsenz der DDR-Flüchtlinge, die von den Medien nicht mehr verschwiegen werden konnte: «Das Versammeln der DDR-Bürger in der Botschaft der Bundesrepublik Deutschland und vor deren Gebäude schuf eine unhaltbare Situation auch in den engen Gässchen der Kleinseite. Auf den Parkplätzen, am Rand der Straßen, ja selbst auf den Bürgersteigen stehen Hunderte von Pkws mit DDR-Kennzeichen und erschweren den städtischen Verkehr. (…) Die Menge vor dem Botschaftsgebäude erschwert das Passieren der Vlašskástraße, die gleichzeitig ein Zufahrtsweg zum Krankenhaus in Petřín ist und außerdem zu weiteren Amtsgebäuden und Wohnhäusern führt. (…) Die Zugangswege zum Haupteingang der Botschaft sind frei, die Sicherheitsorgane kontrollieren ausschließlich die Wahrung der öffentlichen Ordnung.» Fügen wir hinzu: Das Gebäude und der Garten der Botschaft waren zum Bersten voll mit DDR-Bürgern, unter ihnen Hunderte von Kleinkindern. Noch schlimmer als dieser hygienische Ausnahmezustand war dann für die Machthaber in der ČSSR dessen Beendigung, als Bundesaußenminister Hans-Dietrich Genscher vom Balkon des Lobkowicz-Palais aus erklärte, die DDR-Regierung erlaube den Flüchtlingen, über die ČSSR in den Westen auszureisen. Darauf folgten die Maueröffnung und der Sturz des bulgarischen Parteichefs.

Gegen Mitte November musste sich Jakeš wie der Letzte aller Mohikaner fühlen, hätte es nicht noch den rumänischen Despoten Ceauşescu gegeben, der sich auch ohne oder sogar gegen Moskau an der Macht halten wollte. So etwas konnten sich die tschechoslowakischen Genossen nicht erlauben: Sie wussten wohl, dass die 80 000 im Lande stationierten Sowjetsoldaten die einzigen Garanten ihrer Macht waren. In tiefer Verzweiflung schickte Jakeš den Chefideologen der Partei, Jan Fojtík, nach Moskau, um in Gorbatschows direktem Umfeld Unterstützung zu bekommen. Diese wurde ihm jedoch strikt verweigert, was den Emissär zu dem Ausbruch veranlasste: «Was habt ihr eigentlich mit uns vor? Wollt ihr uns über Bord werfen? Wenn ja, dann sagt das gleich. Wir waren immer von irgendwem abhängig, unsere Souveränität ist ein relativer Begriff. 300 Jahre gehörten wir zu den Habsburgern, 20 Jahre waren wir abhängig von Frankreich und England, und als uns unsere berühmten Alliierten im

Die samtene Revolution 1989: Straßendemokratie

Stich ließen, nahmen uns die Deutschen ein. Nun waren wir 40 Jahre lang unter euch, aber wenn ihr uns loswerden wollt, so reicht ein Wort. Nur könnt ihr sicher sein, dass wir dann mit der Krone des heiligen Wenzel zu den Westdeutschen gehen …»

DER 17. NOVEMBER

Dies geschah am 17. November 1989, und am Abend desselben Tages, als der Spitzenfunktionär mit dem Regierungsflugzeug nach Prag zurückkehrte, war dort bereits die Hölle los. Zum Gedenken an den tschechischen Studenten Jan Opletal, den die deutschen Besatzer am 17. November 1939 ermordeten, fand die traditionelle Kundgebung der Jugend statt – diesmal nicht nur gegen den Faschismus, sondern auch direkt für Demokratie. Man erinnerte sich auch an einen anderen jungen Mann, Jan Palach, der sich 20 Jahre zuvor aus Protest gegen die Invasion der Warschauer-Pakt-Staaten auf dem Wenzelsplatz öffentlich verbrannt hatte. Etwa 10 000 Demonstranten zogen mit Blumen und Kerzen am Mol-

Erinnerungstafel im Studentenviertel, Prag, Albertor:
«Wann, wenn nicht jetzt? Wer, wenn nicht wir?»

daukai entlang Richtung Stadtzentrum. Am Nationaltheater bogen sie in die Narodni třída, die Nationalstraße, ein und wollten über diese nun verkehrsfreie Renommiermeile ins Stadtzentrum gelangen. Die schöne, schmale třída mit ihren Warenhäusern und Läden füllte sich allmählich mit Jugendlichen und erwies sich plötzlich als Falle. Es war bereits Abend, und als die Sondereinheiten des Innenministeriums die von allen Seiten eingekesselte Menge mit Gummiknüppeln, Schlagstöcken und Wasserwerfern angriffen, brach Panik aus. Die Polizisten, so berichtete einer der vielen Augenzeugen, «begannen wahllos loszuschlagen, auf Köpfe, in Gesichter, auf Bäuche, auf liegende Menschen. (…) Als ich damals gegen 22 Uhr wieder auf die Narodni ging, bot sich mir ein unheimliches Bild: In der menschenleeren Straße liefen vereinzelt verstörte Studenten herum und murmelten etwas von einem Massaker.»

Anderentags brach ein unbefristeter Streik der Schüler und Studenten aus, dem sich die Theaterleute anschlossen. In der nächsten Woche erfolgten Dauerkundgebungen am Wenzelsplatz, man forderte die Untersuchung der polizeilichen Übergriffe, und es herrschte revolutionäre Stimmung. Die führenden Persönlichkeiten des Bürgerforums, vor allem das

Idol Václav Havel und der nach Prag eingeflogene Aleksander Dubček, sprachen zu den versammelten Menschen. Die von der Bühne verbannte Sängerin Marta Kubišová, Sprecherin der Charta 77, durfte zum ersten Mal seit Jahren ihr verbotenes Lied aus dem Jahr 1968 vortragen. «Friede sei mit diesem Land, / Ärger, Neid und Streit verbannt. / Volk, du hast die Macht erlangt, / nimm dein Los in eigne Hand…», schwamm die wohlbekannte Melodie über den eiskalten Platz. Eine Woche der Straßendemokratie reichte aus, um der Diktatur das Rückgrat zu brechen. Zeitgleich fanden Demonstrationen in der slowakischen Hauptstadt Bratislava und Tausenden von kleineren Ortschaften der Republik statt. Die Menge blieb friedlich, ihre einzigen «Waffen» waren Spielzeugglöckchen, deren Läuten die Machthaber mahnen sollte, dass ihre Zeit vorbei sei. Auf einem außerordentlichen Kongress der KP wurde die ganze Führung abgelöst, und der neue Vorstand erklärte seine Bereitschaft zu Verhandlungen am Runden Tisch mit den Vertretern des Bürgerforums. Einen Monat später wurde Havel im Spanischen Saal des Hradschin zum Präsidenten der Tschechoslowakischen Republik und Dubček zum Vorsitzenden der Nationalversammlung gewählt. Das noch von den Kommunisten dominierte Parlament fasste mit absoluter Mehrheit der Stimmen den Beschluss, die führende Rolle der KP aus der Verfassung zu streichen.

DER SECHSTE DOMINOSTEIN

Als am 4. Dezember 1989 das letzte Treffen der Parteichefs der Warschauer-Pakt-Staaten in Moskau stattfand, begrüßte Michail Gorbatschow nur einen einzigen Gast, der noch als Kommunist über die reale Macht in Osteuropa verfügte: den rumänischen Staats- und Parteichef Nicolae Ceaușescu. Bei diesem Treffen forderte Gorbatschow die Teilnehmer auf, die Intervention des Warschauer Vertrags 1968 gegen die ČSSR zu verurteilen, und der rumänische Führer lächelte zufrieden: Sein Land hatte dies bereits zu Beginn der Invasion getan. Und nun war er der Einzige, dem der Kremlherr anderthalb Stunden Zeit für ein Gespräch gewährte. Laut Schilderung eines Augenzeugen verlief dieser Diskurs aber alles andere als freundlich. Der letzte Mohikaner des Ostblocks machte Gorbatschow schwere Vorwürfe wegen «Verrats» an den osteuropäischen Satelliten. Beide Politiker brüllten sich gegenseitig an, der Conducator warf sein mit

Champagner gefülltes Glas zu Boden, verließ empört den Verhandlungssaal und fuhr direkt zum Flughafen. Gorbatschow bemerkte sarkastisch im Kreis seiner Berater: «Für Nicolae wird es böse enden.» Dies war ihre letzte Begegnung.

DER TERMINKALENDER DES DIKTATORS

Der «Titan der Titanen» ließ sich noch einmal, auf dem XIV. Kongress der rumänischen KP, mit «stehenden, lang anhaltenden Ovationen» feiern. In den letzten Monaten seiner Regentschaft fühlte er sich keineswegs wie ein isolierter Desperado, sondern sah sich auf dem Höhepunkt seines Ruhmes – ein weltweit beachteter Staatsmann. Entsprechend dicht war sein Terminkalender:

6. Oktober	Besuch in Berlin zum 40. Jahrestag der Gründung der DDR
7. Oktober	Treffen mit Honecker und Schiwkow
9. Oktober	Empfang von Yassir Arafat
13. Oktober	Empfang von Margot Honecker
19. Oktober	Empfang des iranischen Botschafters
23. Oktober	Empfang der Vertreter Zyperns
3. November	Elena Ceaușescus Buch erscheint in Syrien
10. November	Ceaușescus Buch erscheint in Tansania
11. November	Empfang des chinesischen Außenministers
16. November	Interview für die Nachrichtenagentur Prensa Latina
18. November	Interview für kuwaitische Zeitungen
22.–24. November	XIV. Parteitag der KP Rumäniens
27. November	Interview durch einen Journalisten aus Nigeria
4. Dezember	Besuch in Moskau, Treffen mit Gorbatschow
5. Dezember	Empfang des nordkoreanischen Außenministers
17. Dezember	Interview für die Zeitung *Teheran News*
18. Dezember	Abflug nach Teheran

Schlechte Nachrichten erreichten ihn allerdings am Samstag, dem 16. Dezember, aus der Stadt Temesvar an der jugoslawischen Grenze. Dort ver hinderte eine protestierende Menge die bereits beschlossene Aussiedlung des Geistlichen László Tőkés vor dessen Haus. Obwohl die geplante Verschleppung in eine weit entfernte Pfarrei in den frühen Morgenstunden durchgeführt wurde, konnte die Ordnung in der Stadt nicht mehr wiederhergestellt werden. Daraufhin kommandierte man Militäreinheiten in die Stadt an der Bega, die man gleichzeitig von der Außenwelt isolierte. Ceaușescu bereitete sich auf die seit Langem geplante Reise in den Iran vor und wollte sein Land in der Gewissheit verlassen, bei der Rückkehr die gewohnte Ruhe und Ordnung vorzufinden. Deshalb führte er in den Nachmittagsstunden eine Telefonkonferenz mit den Kreisführern der KP durch, insbesondere mit denen der «Frontstadt» Temesvar.

CEAUȘESCU Ich mache allen Ernstes darauf aufmerksam, dass in Temesvar noch nicht Ordnung gemacht worden ist, weil einige unzulässige Fehler (…) gemacht wurden. In erster Linie deshalb, weil die Einheiten, die dazu bestimmt worden waren, bestimmte Maßnahmen anzuwenden, unbewaffnet ausgerückt und also auch nicht in der Lage gewesen sind zu handeln. (…) Jetzt habe ich alle Kommandeure nach Temesvar geschickt, und sie sind dort. (…) Sie haben auch scharfe Munition bekommen. Es herrscht Ausnahmezustand! Ich habe Schießbefehl erteilt; es wird vorgewarnt, und wenn man sich nicht unterwirft, wird geschossen. (...) Ist alles richtig verstanden worden? Ich frage auch Temesvar, der Erste Sekretär soll antworten. Genosse Coman (Staatssicherheit), sind die Offiziere dort?
BALAN (Sekretär des Kreiskomitees Temesvar) Wir sind hier mit dem Genossen Coman. Es sind Maßnahmen für die Ausführung Ihres Befehls ergriffen worden. Die Offiziere sind nicht hier, sie sind bei der Miliz.
CEAUȘESCU Warum sind sie nicht in den Saal gekommen? Übermittelt meinen Befehl. Sie müssen wie in einer Kampfsituation vorgehen! Ruft die an und erteilt ihnen den Befehl. Dann verbindet mich mit ihnen, damit ich mit ihnen spreche.
COMAN Ich melde Ihnen, Genosse Nicolae Ceaușescu, dass die Spitze von drei Kolonnen in Temesvar eindringt. Sie werden ins Zentrum befohlen; ich habe den Befehl erteilt zu feuern.
CEAUȘESCU (…) Die Generäle, die ich aus Bukarest geschickt habe, wo sind sie?
COMAN Ich habe angeordnet, dass sie zu den Kolonnen gehen. Wir organisieren alles so, wie Sie das befohlen haben.

CEAUŞESCU Handelt in meinem Namen und berichtet alle 15 Minuten. (…) Verstanden?

COMAN Ich melde: Habe verstanden.

CEAUŞESCU Haben die anderen Kreise verstanden, welche Maßnahmen ergriffen werden müssen? Gibt es noch Unklarheiten? Nein.

DIE SCHLACHT VON TEMESVAR

Am Montag, dem 18. Dezember verabschiedete er sich am Flughafen Otopeni von seiner Frau Elena und dem Politbüromitglied Manescu, denen er die Geschäfte in der Zeit seiner Abwesenheit übergeben hatte. Anderthalb Stunden später landete er in der iranischen Hauptstadt, wo ein dichtes protokollarisches Programm auf ihn wartete. Unter anderem sollte er die Autofabrik Iran-Khodro besuchen, weshalb zur rumänischen Delegation Vertreter der Erdölbranche gehörten. In Teheran sprach Ceauşescu mit Rafsandschani und wohnte in dem ehemaligen Sommerpalais seines früheren Freundes, des inzwischen gestürzten und aus dem Land geflüchteten Schahs Reza Pahlewi. Von dort aus, unter Ausschluss der Botschaft seines Landes, führte er Telefongespräche mit seiner Frau über die Lage zu Hause. Viel Tröstliches erfuhr er nicht, und vor allem hatte er den Eindruck, dass seine Instruktionen nicht hundertprozentig befolgt wurden.

Dabei sparten die Militärs, die am Sonntag darauf Temesvar überrannten, keineswegs mit scharfer Munition. An diesem Tag gab es infolge des Terrors 58 Tote und 92 Verletzte. An der Operation beteiligten sich vier verschiedene bewaffnete Kräfte: die Miliz, die Armee, die Antiterrorgruppe und die Staatssicherheit. Vielleicht war die schlechte Koordination oder gar Rivalität zwischen den einzelnen Machtorganen mit schuld daran, dass das Blutvergießen nicht einmal sein militärisches Ziel erreichen konnte. Und trotz der mehr als 800 Verhaftungen gelang es nicht, der Bevölkerung Angst einzujagen. Am Montag und Dienstag demonstrierten noch mehr Leute auf dem Hauptplatz. Weder der Einsatz neuer Militäreinheiten noch Versuche, der Lage durch prompte Verbesserung der Lebensmittelversorgung Herr zu werden, führten zu den erwarteten Resultaten. Die Menschen forderten nun die Herausgabe ihrer toten Familienangehörigen, die inzwischen heimlich in Kühlwagen des Fleischkombinats COMTIM in das Bukarester Krematorium eingeliefert worden waren.

Vor allem klappte es mit der Isolierung der Stadt nicht. Obwohl die Temesvarer nicht nach draußen telefonieren konnten, wurden sie aus dem Ausland erreicht. So gelang es zum Beispiel dem in Berlin lebenden Autor William Totok, Telefongespräche mit Temesvar zu führen. Noch wichtiger war die Rolle des jugoslawischen Konsuls Mirko Atanacković, der an der nahe gelegenen jugoslawischen Grenze mit den Journalisten der Nachrichtenagentur Tanjug sprach und ihnen unter anderem den Aufruf der in der Stadt gegründeten Rumänischen Demokratischen Front überreichte. Darin wurde zum ersten Mal der Rücktritt Ceauşescus gefordert.

Der Diktator kehrte am Mittwochnachmittag in ein verändertes Land zurück. Am Abend hielt er eine überlange, die Situation verkennende Fernsehrede: Er gab zu, dass in Temesvar «einige Gruppen von Hooligan-Elementen mehrere Demonstrationen und Zwischenfälle entfesselt haben, eine Reihe von Häusern, Geschäften und öffentlichen Gebäuden angegriffen und geplündert haben (…) und am 17. Dezember ihre Tätigkeit gegenüber Staats- und Parteiinstitutionen inklusive der Armee intensiviert haben». Es stellte sich heraus, dass es der Macht misslungen war, diese Elemente mit friedlichen Mitteln zu zügeln, «weshalb die militärischen Einheiten gezwungen waren, sich zu wehren, die Ordnung und die Güter der Stadt, ja eigentlich die Ordnung des ganzen Landes zu verteidigen». Nun hatte er das Gemetzel zwar umschrieben, aber gleichzeitig offiziell zugegeben. Am Donnerstagmittag, dem 21. Dezember, wollte er eine öffentliche Rede halten. Man trieb 20 000 Menschen auf dem Platz der Republik zusammen, und alles begann wie immer, mit bestelltem oder von Tonband gesendetem Jubel, bis etwas geschah, wofür bis heute die hundertprozentige Erklärung fehlt. Während seiner Rede wurden – vielleicht, weil das Tonbandgerät, das gewöhnlich einen zuvor aufgenommenen ohrenbetäubenden Jubel übertrug, für einen Augenblick etwas leiser gestellt worden war – die echten Protestrufe hörbar. Diese lösten zunächst Panik aus, und die Menschenmenge begann vom Platz zu fliehen. Ceauşescu versuche sie zurückzuholen: «Genossen, wo geht ihr hin? Kommt bitte zurück!» Diese Geste sowie seine improvisierten Versprechungen von Lohnerhöhungen führten zu keinem Ergebnis. All dies wurde live im Fernsehen und Rundfunk übertragen und verwandelte sich in eine Selbstentblößung der Schwäche des Regimes. Das Gleiche geschah am nächsten Tag, als die Bukarester auf dem Platz der Republik erstaunte

Temesvar – Hauptstadt der Revolution

Zeugen eines surreal anmutenden Geschehens wurden. Vom Dach des Sitzes des Zentralkomitees erhob sich ein Hubschrauber und bewegte sich in Richtung der nördlichen Außenbezirke. Man brauchte nicht allzu viel Fantasie, um zu begreifen: Der Führer befand sich auf der Flucht. Die Zeit schien stehen geblieben.

DIE «TELEREVOLUTION»

Die Morgenausgaben der Zeitungen versprachen noch das gewöhnliche Fernsehprogramm:

19.00 Abendnachrichten
19.25 Der XIV. Parteitag – der Kongress der großen sozialistischen Errungenschaften
20.05 Gespräch am Runden Tisch: Die Beschlüsse des XIV. Parteitags
20.25 Kulturprogramm der Pioniere
20.45 Jugend – Erziehung – revolutionärer Geist
21.05 Wissenschaftliche Sendung
21.50 Spätnachrichten

Stattdessen kam das, was später als «Telerevolution» in die Annalen einging. Das «Volk» besetzte das Fernsehgebäude, es proklamierte und praktizierte die Medienfreiheit. Im Studio 4 herrschte an jenem Freitagnachmittag ein unaufhörliches Kommen und Gehen, Eilmeldungen vom landesweiten Sieg der Revolution und dessen weltweitem Echo wurden verlesen. Unbekannte von der Straße durften unzensiert ihre Meinung über das Geschehen sagen, selbst «geläuterte» Exponenten der gestürzten Macht durften sprechen, und der verhaftete Nicu Ceaușescu wurde vorgeführt. Die eigentliche Sensation bestand jedoch darin, dass die Nachrichten direkt auf dem Bildschirm entstanden, ohne vorherige Redaktion.

Obwohl diese Inszenierung, wie sich später herausstellte, nur der nahtlosen Übertragung der Macht an die selbst ernannte «Front der Nationalen Rettung» mit dem früheren KP-Funktionär Iliescu an der Spitze diente, gehörte diese kurze Zeit zu den Sternstunden der modernen osteuropäischen Geschichte.

Aber es folgten ein Massaker mit mehr als tausend Todesopfern, der Geheimprozess gegen das Ehepaar Ceaușescu und ihre Hinrichtung – allesamt Ereignisse, über die bis dato Unklarheit herrscht. Damals wusste man nur, dass die letzte Diktatur dieser Art in Osteuropa gestürzt worden war und dass man zum ersten Mal seit langer Zeit Weihnachten in geheizten Wohnungen und mit warmem Essen feiern konnte.

Der letzte Dominostein war gefallen.

VI.
DAS ENDE DER SOWJETUNION
(JANUAR 1990 – DEZEMBER 1991)

> Weil ein Nagel fehlte, ging ein Hufeisen verloren.
> Weil ein Hufeisen fehlte, ging ein Pferd verloren.
> Weil ein Pferd fehlte, ging ein Ritter verloren.
> Weil ein Ritter fehlte, ging die Schlacht verloren.
> Und nur weil ein Nagel fehlte,
> ging ein ganzes Königreich verloren.
>
> *Lied eines unbekannten englischen Autors*

Im 20. Jahrhundert gingen vier Imperien zugrunde: am Ende des Ersten Weltkriegs das Osmanische Reich und die Habsburgermonarchie, nach dem Zweiten Weltkrieg das Deutsche Reich und Anfang der Neunzigerjahre schließlich die Sowjetunion. Historiker behandeln derartige Prozesse kühl. Norman Davis beschrieb den Untergang der Sowjetunion als einen besonderen Fall: «Die auffälligste Tatsache des sowjetischen Zerfalls war, dass er auf natürlichem Wege vonstatten ging. Die Sowjetunion wurde nicht von Barbaren angegriffen wie Rom, nicht von raubgierigen Nachbarn aufgeteilt wie Polen und starb nicht unter der Last eines großen Krieges wie das Habsburgerreich. Sie erlitt keine Niederlage in einem Kampf um Leben und Tod wie Nazideutschland. Sie starb, weil sie sterben musste …» Selbst über den Putsch vom August 1991, dessen Ziel die Rettung eines Restes des Imperiums war, teilt er nicht die gängige Meinung: «Es handelte sich nicht einmal um einen Staatsstreich, sondern um ein letztes Zucken des Schwanzes eines Dinosauriers.»

Dementsprechend hat es wenig Sinn, über die Verursacher eines derartigen Untergangs zu rätseln. Theorien von Verrat und Verschwörung sind ebenso wenig hilfreich wie der berühmte Konjunktiv «Was wäre gewesen, wenn». Interessant ist eher zu erfahren, wie das Unvermeidliche von den Protagonisten allmählich erkannt wurde und was sie getan haben, um den

Prozess, wenn sie ihn schon nicht aufhalten konnten, doch wenigstens zu beeinflussen. Nicht zuletzt stellt sich für nüchtern denkende Politiker in solchen Situationen die Frage, wie sie den Schaden begrenzen und die Opfer minimieren können.

Deutsche Frage – sowjetische Antwort

Am 26. Dezember 1989, einen Tag nach der Hinrichtung des rumänischen Diktators Nicolae Ceauşescu und seiner Gattin Elena in Targoviste, versuchte Gorbatschows Chefberater Alexander Jakowlew, auch als «Architekt der Perestroika» gerühmt, im Gespräch mit einem jugoslawischen Politiker die vorläufige Bilanz der praktischen Auflösung der «sozialistischen Gemeinschaft» zu ziehen. Merkwürdig an seinem Monolog war die zur Schau getragene optimistische Ruhe. An dem ersten nichtkommunistischen polnischen Regierungschef Mazowiecki fand er angeblich Gefallen, in der ČSSR hoffte er auf die friedliche Mentalität der Gesellschaft, für Bulgarien erwartete er, dass die nach wie vor kommunistische Führungsriege die Probleme des Landes schon lösen würde, über Rumänien konnte er so gut wie nichts sagen, und in Ungarn fand er nur die Spaltung der Kommunistischen Partei besorgniserregend.

Schließlich fiel in Bezug auf die DDR der verblüffende Satz: «Krenz hat einen Fehler gemacht, er ließ die Grenze zu früh öffnen.» Sogar die Maueröffnung kritisierte Jakowlew nur unter dem Gesichtspunkt, dass diese wegen des schwarzen Valutahandels und der Hamsterkäufe in Westdeutschland der DDR erheblichen ökonomischen Schaden zugefügt habe. Aber, sagte er ergänzend, Kohl habe bereits versprochen, dass die Bundesrepublik die DDR entschädigen würde. Über die Möglichkeit einer eventuellen Wiedervereinigung der beiden deutschen Staaten sagte er: «In der nächsten absehbaren Zeit sind wir kategorisch dagegen. Das haben wir allen westlichen Regierungschefs klar und deutlich gesagt.»

Solche Zusicherungen gehörten zur Hinhaltetaktik der sowjetischen Führung. Denn «in der nächsten absehbaren Zeit», einen Monat nach Jakowlews selbstsicherer Äußerung, fasste das Politbüro, zunächst nur intern, einen historischen Beschluss. Auf der Sitzung am 26. Januar 1990 erklärte KGB-Chef Krjutschkow: «Die Tage der SED sind gezählt. Sie ist weder Hebel noch Stütze für uns. Modrow ist eine Übergangsfigur, hält

Im Deutsch-Sowjetischen Haus in Dresden residierte der spätere Staats- und Regierungschef der Russischen Föderation, seines Zeichens Oberstleutnant des KGB, Wladimir Putin

sich aufgrund von Zugeständnissen, bald aber wird es nichts mehr geben, was man noch zugestehen kann. (…) Allmählich müssen wir unser Volk auf Deutschlands Wiedervereinigung vorbereiten. (...) Es ist notwendig das aktive Eintreten zum Schutz unserer Freunde, der ehemaligen Mitarbeiter des KGB und unseres Innenministeriums in der DDR.» Gorbatschows Schlussrede klang eher wie eine melancholisch-musikalische Zusammenfassung der trockenen Worte seines Obersten Geheimpolizisten: «Die Prozesse in Deutschland bringen uns, unsere Freunde und auch die westlichen Mächte in eine komplizierte Lage. Die SED befindet sich im Zerfall. Nun ist klar, dass die Vereinigung unvermeidlich ist, und wir haben kein moralisches Recht, uns ihr zu widersetzen. (…) Unsere Gesellschaft wird schmerzhaft auf die Abtrennung der DDR und noch mehr auf deren Verschlucken durch die BRD reagieren. Millionen von Frontsoldaten leben noch unter uns. (…) Das Bewusstsein unserer Gesellschaft wird ein schwieriges Trauma zu bewältigen haben. Aber es gibt keine andere Möglichkeit, und wir müssen auch dies überleben.» Mit diesen Sätzen wurde die DDR, der letzte Satellitenstaat im Warschauer Vertrag, schlicht und einfach abgeschrieben.

In der Tat begann die Evakuierung der sowjetischen Geheimdienste aus

dem ehemaligen Arbeiter- und Bauernstaat zu einer Zeit, in der das Thema Auszug der Sowjetarmee noch von niemandem angesprochen worden
war. Die DDR mit der geöffneten Mauer war nun ein schwer gefährdetes
Operationsgebiet. Unter den Abberufenen befand sich ein 38-jähriger
KGB-Major, der in einer Dresdner Villa, heute Sitz der Anthroposophischen Gesellschaft, als Direktor der Deutsch-Sowjetischen Freundschaftsgesellschaft residierte: Wladimir Putin. Der junge Offizier, ausgerechnet
in den letzten Tagen der DDR «für die Verdienste um die Nationale
Volksarmee» mit einer Bronzemedaille ausgezeichnet, verdingte sich bald
nach seiner Rückkehr bei dem Leningrader Bürgermeister Anatolij Sobtschak und begann damit eine steile politische Karriere.

Inzwischen weitete sich der Demokratisierungsprozess in der DDR
ähnlich wie in anderen früheren Ostblockstaaten aus. Nach den Verhandlungen zwischen Regierung und Opposition am Runden Tisch fanden am
18. März 1990 die ersten freien Wahlen zur Volkskammer statt. Die Allianz
für Deutschland, der westlichen CDU nahestehend, erhielt 40 Prozent
der Wählerstimmen, die SPD war mit 22 Prozent verhältnismäßig
schwach, während die postkommunistische PDS mit 16 Prozent relativ
gut weggekommen war. Das aus der Menschenrechtsopposition formierte
Bündnis 90 erlitt mit 2,9 Prozent eine vernichtende Niederlage. Dies zeigte, dass die Energien der «friedlichen Revolution» weitgehend erschöpft
waren – ihr letztes Aufflackern war der Sturm auf die Berliner Stasi-Zentrale im Januar 1990.

DIE GNADENFRIST

Allerdings erwies sich der Spielraum der demokratisch legitimierten Regierung von Lothar de Maizière als recht eng gesteckt: Ihr Mandat bezog
sich auf die Abwicklung der früheren Strukturen und die Vorbereitung der
Wiedervereinigung. Die letzten Monate der DDR zeigten ein Land zwischen Aufbruchstimmung und wachsender Unsicherheit. Am Vorabend
der Währungsunion kam es zu massenhaftem Schwarzumtausch und tumultartigen Szenen vor den provisorisch aufgestellten Filialen westdeutscher Geldinstitute. Viele Bürger investierten ihre Ersparnisse in Konsum,
und Reisebüros mit einer großen Auswahl an Sonderangeboten schossen
wie Pilze aus dem Boden.

Inzwischen war die Wiedervereinigung nur noch eine Frage der Modalitäten, wie dieser Erdrutsch diplomatisch ausgehandelt werden und in einigermaßen geschmackvollen Formen vor sich gehen konnte. Endgültig beschlossen wurde das Projekt zwischen Gorbatschow und Kohl Mitte Juli im kaukasischen Archis, nach dem lockeren Erscheinungsbild des Bundeskanzlers und des sowjetischen Präsidenten von den Medien als «Begegnung von Strickjacke und Pullover» apostrophiert. Die Meinungen über das Unvermeidliche blieben aber auf den höchsten Machttagen geteilt: Während Jakowlew den zögernden sowjetischen Staatschef vor «sentimentalen Hemmungen» warnte, äußerte der Deutschlandexperte Walentin Falin sich skeptisch gegenüber einer allzu schnellen deutschen Einheit, zudem aus seiner Sicht die Sowjetunion zu niedrige Gegenleistungen beanspruchte. In Wirklichkeit war die UdSSR zu dieser Zeit nicht mehr in der Lage, auf Osteuropa Einfluss zu nehmen, und schon bald war sie auch nicht mehr imstande, die Prozesse innerhalb des eigenen Landes aufzuhalten.

Viel offener als Jakowlew gab der Berater Tschernjajew die Tragweite der osteuropäischen Veränderungen zu – wohlgemerkt nur in seinem zu jener Zeit noch heimlich geführten Tagebuch: «Osteuropa bröckelt ganz von uns ab, und das unaufhaltsam. Und es wird immer mehr sichtbar, dass das ‹gesamteuropäische Haus› – falls es dieses überhaupt geben wird! – ohne uns, ohne die UdSSR entsteht, und wir sollten einfach in seiner Nachbarschaft so leben, wie wir können.» Praktisch bedeutete dies, dass der sowjetische Einflussbereich auf das Niveau des Jahres 1939/40 zurückgefallen war.

Gorbatschows bittere Lorbeeren

Am 4. Oktober nahm der sowjetische Präsident als Ehrengast an der Seite von Bundeskanzler Helmut Kohl an den Feierlichkeiten zu Deutschlands Wiedervereinigung teil. Am 15. Oktober erhielt er die Nachricht, dass man ihm in Oslo den Friedensnobelpreis verliehen hatte. Wie der empörte Tschernjajew berichtete, teilte die Armeeführung am 23. Oktober mit, Atomversuche auf der Insel Nowaja Semlja im Nordpolarmeer abhalten zu wollen, genau an dem Tag, der für die Nobelpreisrede ursprünglich vorgesehen war. KGB-Chef Krjutschkow legte in diesen Tagen jeden Morgen «Briefe der Werktätigen» auf den Schreibtisch des Präsidenten. Einige Kostproben: «Herr Generalsekretär, ich gratuliere Ihnen zum Preis der Imperialisten dafür, dass Sie die UdSSR zerstört und Osteuropa verkauft haben, die Rote Armee zerschlagen haben, alle Ressourcen den Vereinigten Staaten und die Medien den Zionisten überlassen haben.» Eine andere Botschaft: «Herr Nobelpreisträger, wir gratulieren Ihnen dazu, dass Sie das Land auseinandergetrieben haben. Sie haben den Preis des Weltimperialismus und Zionismus verdient für den Verrat an Lenin und am Oktober.»

Ebenfalls auf Gorbatschows Schreibtisch landete ein KGB-Bericht, dem zufolge 90 Prozent der Sowjetbürger die Verleihung des Nobelpreises an ihn verurteilten. Der Berater Tschernjajew hakte bei seinem Chef nach, warum sein führender Geheimpolizist wohl diese Informationen sammle und ihm regelmäßig auftische. Gorbatschow stellte mit traurigem Kopfschütteln die Gegenfrage: «Meinst du, dass ich mir darüber keine Gedanken mache?»

Das Elend der einsamen Supermacht

«Was wird aus der Versorgung der Bevölkerung? Wo sind die Waren des täglichen Bedarfs? Die Lage wird mit jedem Tag schlechter. Wir bitten zu erklären, warum die Rationierung des Zuckerverkaufs von 2 Kilogramm auf 1,5 Kilogramm pro Kopf gesunken ist», schreiben die Werktätigen aus dem südrussischen Pawlowsk im Herbst 1989 in einem Brief an das Zentralkomitee. «In unserer Stadt sind Haushalts- und Toiletteseifen sowie Waschpulver aus den Regalen verschwunden. Als Zucker zur Mangelware wurde und rationiert werden musste, hatten wir Verständnis für diese Entscheidung. Aber jetzt, wo die lokalen Behörden eine derart miserable Norm für Seife und Waschpulver festgelegt haben, sind wir äußerst empört», schreiben die Einwohner der ukrainischen Stadt Alexandrowsk. Aus der 70 000 Einwohner zählenden Stadt Apatiti auf der Halbinsel Kola beschwert sich eine junge Mutter: «Ich habe nichts, womit ich den fünf Monate alten Jegorka ernähren könnte. Es gibt in der Stadt weder Kindersäfte noch Fruchtmus oder irgendwelche Breie für Kleinkinder.» Nicht alle reagierten so moderat, geradezu verständnisvoll. In den Tagen, als Erich Honecker die gesamte Stasi, Volkspolizei und zusätzlich 360 000 brav Spalier stehende «gesellschaftliche Kräfte» einsetzen ließ, damit die

Bergarbeiter und ihre Familien demonstrieren gegen
schlechte Bezahlung und Versorgung, 1988

4000 Ehrengäste zum 40. Jubiläum seines Staates, unter ihnen Gorbatschow, nichts von den inneren Unruhen des Landes bemerkten, tobte in der UdSSR die bisher heftigste Streikwelle ihrer Geschichte, und das ausgerechnet unter den Bergleuten von Donezk.

Die Arbeitsniederlegung der 500 000 Bergarbeiter, die einst zur bestbezahlten sowjetischen Arbeiteraristokratie gehörten, hatte kaum etwas mit dem Inhalt der Lohntüten zu tun. Ausschlaggebend war vielmehr das menschenunwürdige Angebot an Konsumgütern, wobei Konsum hier als ein elementarer Prozess verstanden werden muss, der Arbeitskräften überhaupt die Chance gibt, sich physisch und psychisch zu reproduzieren. Symbolträchtig war unter anderem die Forderung der Bergleute nach Seife, ihr Anspruch auf körperliche Sauberkeit. Das politische Element dieser Bewegung kam darin zum Ausdruck, dass die Kumpel die Erfüllung ihrer Bedingungen nicht mehr von den lokalen Behörden erwarteten, sondern eine direkte Begegnung mit Gorbatschow anstrebten – sie erklärten sich sogar bereit, die Reisekosten der Moskauer Delegation selbst zu decken.

Später entsandten sie eine Abordnung in die Hauptstadt, und als diese mit einer Vereinbarung zurückkehrte, die von Gorbatschow und dem Regierungschef Ryschkow unterzeichnet worden war, verwandelte sich der Protest in eine euphorische stadtweite Feier. Dabei ging es nicht um die zugesagten Lebensmittellieferungen – die Vereinbarungen wurden niemals vollständig erfüllt –, sondern vor allem darum, was der Leiter des Streikkomitees in den bewegten Worten zum Ausdruck brachte: «Zum ersten Mal fühlten wir uns nicht als graue Masse, sondern als Menschen. Nicht als Sklaven, sondern als Persönlichkeiten, die fähig sind, in Einigkeit, Disziplin und Solidarität zu siegen. Danke, Brüder, für die Einigkeit. Danke für das Vertrauen.»

Die Partei verabschiedet sich von ihrer führenden Rolle

Schließlich blieb nur noch ein Tabu übrig, das in zwei Sätzen der Verfassung von 1977 benannt worden war und nun infrage gestellt wurde: «Die führende und lenkende Kraft der sowjetischen Gesellschaft, der Kern ihres politischen Systems, der staatlichen und gesellschaftlichen Organisationen ist die Kommunistische Partei der Sowjetunion. Die KPdSU ist für das Volk da und dient dem Volk.»

Diese Formulierung wurde nach langer und heftiger Debatte im Politbüro durch das ZK-Plenum Mitte März fallen gelassen. Obwohl zu dieser Zeit bereits eine üppige sowjetische Parteienlandschaft existierte, war diese Entscheidung aufgrund ihrer Symbolik äußerst bedeutend und glich einem prinzipiellen Verzicht auf das Machtmonopol, das im Januar 1918 Lenins Bolschewiki durch die Auflösung der verfassunggebenden Versammlung geschaffen hatten. Um ein wenig Zeit zu gewinnen, bevor Artikel 6 vom Kongress der Volksdeputierten infrage gestellt wurde, diskutierte das Politbüro diese heikle Frage auf seiner Sitzung vom 22. Januar 1990.

MINISTERPRÄSIDENT RYSCHKOW «Praktisch sind wir bereits zum Mehrparteiensystem übergegangen. Ich sehe keinen anderen Weg. Die Volksfronten haben sich in politische Organisationen verwandelt. Entweder wir akzeptieren das nicht, oder aber wir gehen zu breiterem Demokratismus über mit den anderen Parteien. Das ist eine prinzipielle Frage. Man muss klar bestimmen, mit wem wir kämpfen und mit wem wir uns einigen können. Die anderen Parteien außer Gesetz zu stellen ist eine unrealistische Sache. Und man muss klarstellen, dass die KPdSU bei Aufrechterhaltung ihres Standpunkts bereit ist, mit anderen Parteien zusammenzuarbeiten.»

ZK-SEKRETÄR LIGATSCHOW «Man muss das Einparteiensystem beibehalten und gleichzeitig eine Nationale Bürgerfront gründen, in der wir alle gesunden Kräfte vereinen. Und die Kommunisten verfügen darin über Schlüsselpositionen. Es muss klargestellt werden, dass die Beteiligung von Kommunisten in antisozialistischen Organisationen mit der Mitgliedschaft in der KPdSU unvereinbar ist.»

ZK-SEKRETÄR WOROTNIKOW «Wir dürfen die Parole des Mehrparteiensystems in diesem Augenblick auf keinen Fall verkünden.»

IDEOLOGIECHEF JAKOWLEW «Wir können nicht so tun, als wäre gar nichts geschehen. Wir müssen ehrlich sagen, dass die KPdSU um die Teilhabe an den staatlichen Organisationen mit den anderen wetteifern wird.»

MOSKAUER PARTEICHEF SAJKOW «Ich bin gegen das Mehrparteiensystem. Wenn wir es proklamieren, wird es den Parteikomitees schlecht ergehen. Sie werden zerrieben.»

ZK-SEKRETÄR MEDWEDJEW «Man kann es nicht so formulieren, ob wir es zulassen oder nicht zulassen. Unsere Position richtet sich nicht auf das Mehrparteiensystem. Alle Parteien leben für den Kampf um die Macht. Wir müssen über die Demokratisierung der Gesellschaft nachdenken. Wenn wir die Gesellschaft nicht umbauen, wenn wir die Partei nicht umbauen, dann führt kein Weg am Mehrparteiensystem vorbei.»

AUSSENMINISTER SCHEWARDNADSE «Der bereits existierende politische Mehrparteienpluralismus muss anerkannt werden.»

KGB-CHEF KRJUTSCHKOW «Wenn wir den Artikel 6 nicht beibehalten, dann ist das Mehrparteiensystem unvermeidlich. Und dies versetzt der Partei einen Schlag.»

GENERALSEKRETÄR GORBATSCHOW «Wir müssen betonen, dass das Mehrparteiensystem allein kein Allheilmittel ist. Das Wesentliche liegt im System. (…) Wir haben es mit einer Dezentralisierung zu tun, und es fehlt an ausgleichenden Mechanismen. Das ist die Frage, die wir nicht verschieben können. Man braucht eine starke Exekutive. Wie soll der Staatschef heißen: Vorsitzender oder Präsident? Vielleicht ein Kabinett mit präsidialen Funktionen auf dem Gebiet der Wirtschaft und Sicherheit.»

Die Genossen müssen während dieses Diskurses Tantalusqualen gelitten haben, etwa so, als müssten geborene Monarchisten und Angehörige des Hofadels eine Debatte über die Republik führen oder Kirchenfürsten über die Einführung des Atheismus im Priesterseminar reden. Man war bereit, die unlösbare Frage lieber einem aus dem eigenen Kreis kommenden «Philippe Égalité» zu überantworten. Die Funktionäre handelten eindeutig unter dem Druck der Angst, aber nicht vor den Informellen, Volksfronten oder der soeben in Entstehung befindlichen oppositionellen Interregionalen Deputiertengruppe. Vor allem nach der Massenkundgebung in Moskau am 25. Februar 1990 mit geschätzten 200 000 Teilnehmern hatten sie Albträume von einer Revolte à la Bukarest: Es quälte sie die nackte Angst vor dem Volk. Der Leningrader Parteisekretär Boris Gidaspow, ein aus der Industrie kommender Funktionär und ansonsten ein harter Bursche, gab auf einer Sitzung zu: «Ich fahre jeden Morgen zur Arbeit und sehe die Schlangen vor den Geschäften – hundert, manchmal tausend Menschen. Und ich denke: Jemand wirft plötzlich einen Stein in das Schaufenster, und in Leningrad bricht die Konterrevolution aus. Und wir können das Land nicht retten.»

DAS DRAMA LITAUEN: ERSTER AKT

Zeitgleich mit den rumänischen Ereignissen schlug in Moskau eine Nachricht aus Wilna ein: Auf dem XX. Parteitag der litauischen KP hatte der Erste Sekretär Algirdas Brazauskas den Austritt seiner Partei aus der KPdSU deklariert. Gleichzeitig strich der Kongress den Artikel aus der

Sonata allegro – Gemälde von Čiurlionis

litauisch-sowjetischen Verfassung, der, ähnlich wie in den Grundgesetzen aller Sowjetrepubliken sowie in der Gesamtkonstitution der UdSSR, die führende Rolle der Partei garantierte. Dieses Vorgehen, das kein sowjetischer Nostradamus hätte prophezeien können, war nichts als Teil des Wettrennens der litauischen Nomenklatura mit der viel stärkeren Oppositionsbewegung «Sajudis», an deren Spitze der parteilose Vytautas Landsbergis stand. Der studierte Musikwissenschaftler hatte 1969 seine Doktorarbeit dem Œuvre des in der UdSSR äußerst populären Nationalkünstlers Čiurlionis (1875–1911) gewidmet. Dieser hatte als Komponist und Maler die Synthese dieser beiden Kunstarten angestrebt. Eine ähnliche Vision entwickelte der aus einer bekannten litauischen Familie stammende Bürgerrechtler für Litauen: die Synthese der traditionellen Nationalidee und der modernen Demokratie.

Als die Nachricht aus der litauischen Hauptstadt in Moskau eintraf, läuteten im Kreml alle Glocken Sturm. Gorbatschow begriff sofort, dass die Haltung der baltischen Republik eine ähnliche Entwicklung in Estland und Lettland fördern würde und dass diese friedliche Sezession noch gefährlicher war als die Unruhen im Kaukasus oder in Zentralasien.

Gorbatschow rief in Wilna an und fragte den Parteichef: «Was ist los, Algirdas? Seid ihr verrückt geworden?» Zunächst wollte er, wie immer in ähnlichen Situationen, post festum das Feuer löschen. Er flog nach Litauen und versuchte durch seine persönliche Überredungskunst die Genossen von ihrer Spaltungsabsicht wegzubringen. Doch das nützte nichts mehr.

Auf dem Weg zum Flughafen Wilna saßen hinter dem Fahrer drei Personen in der Limousine: Brazauskas, Raissa Maximowna und Michail Sergejewitsch. Zunächst hätten sie alle geschwiegen, berichtet Gratschow. Dann sagte der Präsident halblaut vor sich hin: «Was ist eigentlich in sie gefahren?» Und dann, ohne Pause: «Es wäre gut, etwas zu trinken.» In diesem Augenblick muss ihm klar geworden sein, dass er die erste Schlacht um den Erhalt der Sowjetunion verloren hatte.

DIE RUSSISCHE KARTE

Mitte Juni 1990 erklärte der I. Kongress der Volksdeputierten Russlands schließlich die Souveränität der größten und reichsten Sowjetrepublik – ein Schritt, der gegen Gorbatschows Machtanspruch gerichtet war, jedoch schon bald das Schicksal der Union besiegeln sollte. Das Riesenreich, bestehend aus 15 Sowjetrepubliken, mehreren Dutzend autonomen Republiken und Gebieten sowie nationalen Kreisen und von mehr als 100 Nationalitäten bevölkert, kam bereits ins Wanken und konnte allzu leicht von einem Strudel regionaler Auseinandersetzungen erfasst werden. Bis 1990 brachen etwa 5000 Unruhen aus, die teilweise Todesopfer forderten, und mehr als 600 000 Menschen waren zur Flucht aus ihrer Heimat gezwungen. Angesichts der Tatsache, dass bis Ende 1990 14 der 15 Bundesstaaten ihren Wunsch nach Souveränität erklärt hatten, kam den in diesen Ländern lebenden Russen, insgesamt 25 Millionen Menschen, inzwischen der Status einer nationalen Minderheit zu.

Der neue russische Nationalismus wurde von der Frustration genährt, die die abtrünnigen Republiken und nationalen Minderheiten ausgelöst hatten. Man bestand nicht mehr auf der vom zaristischen Russland geerbten These des «einen und unteilbaren» Staates – man wollte vielmehr, dass sich all diese Esten und Armenier zum Teufel scherten. Die beleidigten Töne entstammten, wie so oft in Osteuropa, nicht dem Mund von Berufs-

Sajudis-Chef Landsbergis. Seine Unterschrift stand unter mehr als tausend Gesetzen und Verordnungen der neu gegründeten, aber von Moskau nicht anerkannten Republik Litauen. Der Zusammenstoß war vorprogrammiert

politikern, sondern kamen von Männern der Feder. So sprach der Schriftsteller und Volksdeputierte Walentin Rasputin im Juni 1989 von der Tribüne des Kongresspalastes im Kreml:

«Der Russlandhass verbreitet sich im Baltikum und in Georgien, dringt auch in andere Republiken ein, in einige mehr, in andere weniger, aber überall ist er bemerkbar. Die antisowjetischen Losungen vereinigen sich mit den antirussischen. Emissäre aus Litauen und Estland reisen mit ihnen, Einheitsfront schaffend, nach Georgien. Von dort aus fahren die örtlichen Agitatoren nach Armenien und Aserbaidschan. Das ist kein Kampf mit dem bürokratischen Mechanismus, das ist etwas anderes. Hier auf dem Kongress sieht man gut die Aktivität der baltischen Deputierten, die auf parlamentarischem Wege Verfassungsänderungen vorschlagen, die ihnen ermöglichen, von diesem Land Abschied zu nehmen. (…) Ich überlege: Vielleicht wäre es besser für Russland, aus der Union auszutreten, wenn ihr es für alle eure Probleme anklagt und wenn Russlands Unterentwicklung und Schwerfälligkeit eure fortschrittlichen Bestrebungen verhindert.»

Der Schriftsteller befand sich hier ganz auf dem Niveau der Verschwörungstheorien der rechtsnationalen Pamjat-Bewegung, insbesondere was

135

die angebliche Verbrüderung der Kaukasier betraf. Jedenfalls lieh er seine Stimme dem traditionellen russischen Selbstmitleid, wie es bereits zu Breschnews Zeiten in Blüte stand, damals allerdings noch ohne Tribüne. In den Sechziger- und Siebzigerjahren fand man als geeignete Sündenböcke für die sowjetischen Missstände die Länder der Dritten Welt («die Neger»), nicht zuletzt Kuba, dessen Zuckerernte Moskau großzügig aufkaufte. Der Komplex «Wir helfen allen, und keiner liebt uns» gehörte fest zur Mentalität des in seinen Konsumwünschen gedemütigten Sowjetbürgers. Innerhalb des Landes, ob auf der Insel Sachalin oder an der Rigaer Bucht, ging es ständig um die zentralisierte bürokratische Redistribution, bei der sich alle Völker als benachteiligt empfanden und von den anderen hintergangen fühlten.

Der andere schreibende Volksdeputierte, Wassilij Below, befasste sich während der zweiten Session des Kongresses im Dezember 1989 ebenfalls mit den Problemen «aus russischer Sicht» und zog gleich die politischen Konsequenzen: «Ich bin der Meinung, dass die Vergeudung von Russlands Naturschätzen fortgesetzt wird. Ströme von Erdöl und Gas, Millionen Tonnen von Mineralien und Erzen, Millionen von abgeholzten Fichten fließen und fließen in die anderen Republiken und ins Ausland. Das russische Volk ist betrogen, Russland beleidigt und erniedrigt. Ich muss die Forderungen wiederholen, die in Tausenden von Briefen und Telegrammen meiner Wähler und Leser gestellt worden sind. Erstens: Die Russische Föderative Sozialistische Sowjetrepublik muss einen eigenen staatlichen Status erhalten …»

Diese völlig absurd klingende Losung, «Russlands Unabhängigkeit von der Sowjetunion», erschien anfangs vielen als Hirngespinst von Literaten, die sich in die Politik verirrt hatten. Schließlich sang man landesweit die 1944 komponierte Hymne, die trotz der neuen, von Stalins Namen gesäuberten Version immer noch mit den Zeilen anfing: «Vor Russland, dem großen, auf ewig verbündet / steht machtvoll der Volksrepubliken Bastion. / Es lebe, vom Willen der Völker gegründet, / die einige und mächtige Sowjetunion!» Mittlerweile war in dieser Konstruktion das Wort «ewig» fraglich geworden. Die russische Karte lag plötzlich auf dem Tisch und wartete auf einen ernstzunehmenden Spieler, der sie als Trumpf verwenden konnte. Dieser Spieler hieß schließlich Boris Jelzin und war Gorbatschows Rivale.

Die Lösung der Wirtschaftskrise wurde zumindest auf theoretischer Ebene in Angriff genommen. Im Auftrag der Regierung entstanden zwei Reformprojekte. Das eine Reformpaket der Ökonomen Grigorij Jawlinskij und Stanislaw Schatalin trug den Namen «500-Tage-Programm» und ging von einer schlagartigen Freigabe der Preise, einem rasanten Abbau der Rüstungsausgaben und der radikalen Hinwendung zur Marktwirtschaft aus. Der zweite Plan sah ebenfalls eine Kürzung der Staatsausgaben und Investitionen sowie rapide Preiserhöhungen vor – dennoch rechnete der Ökonom Leonid Abalkin mit einer Laufzeit von sechs bis acht Jahren. Einen Versuch, die beiden Projekte miteinander zu verknüpfen, charakterisierte Jelzin sarkastisch als «Versöhnung des Stachelschweins mit der Natter». In dem von ihm favorisierten «500-Tage-Programm» sollten die Verteidigungskosten um 50 Prozent gekürzt werden, was vom militärisch-industriellen Komplex und dem KGB wohl kaum widerspruchslos zur Kenntnis genommen worden wäre. Allerdings konnte sich Jelzin in seiner Rolle als Oppositionsführer manche populistische Versprechungen erlauben, während Gorbatschow, dessen Prestige bereits schwer angeschlagen war, direkte Regierungsverantwortung trug. Möglicherweise kokettierte er mit der radikalen Rosskur nur deshalb, um vor seinem Kontrahenten ein wenig Ruhe zu haben. Als der Oberste Sowjet eher für Abalkins schonendes Programm votierte, brach in der Tat die Fehde zwischen Jelzin und Gorbatschow mit erneuter Kraft aus.

AM BETTELSTAB

Gleichzeitig wuchs die Auslandsverschuldung der Sowjetunion von 20 Milliarden Dollar im Jahr 1985 auf mehr als 100 Milliarden im Jahr 1990 an. Die Dynamik des Schuldendienstes wies verblüffende Ähnlichkeiten mit der polnischen von 1980/81 auf. Gleichzeitig ließ die ursprünglich hohe Kreditbereitschaft der westlichen Banken mit jedem Jahr nach. Zwar verweigerten sie nicht grundsätzlich alle neuen Kredite oder die Stundung der Altschulden, denn eine bankrotte Nuklearmacht war auch der freien Welt wenig geheuer. Trotzdem verlangten sie immer offener

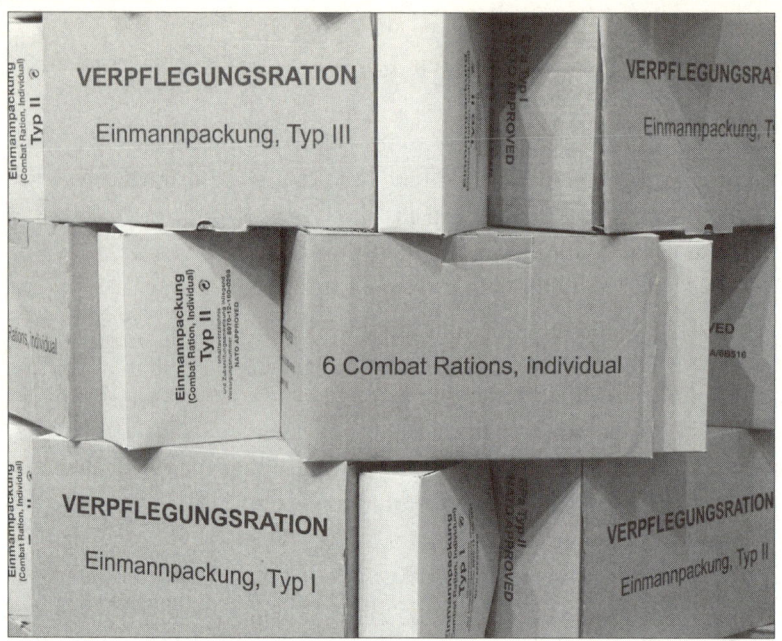

Die Schnellhilfe der Bundeswehr an die Sowjetarmee

nach ökonomischen und politischen Garantien. So schlug einer der früheren großzügigen Kreditgeber, die Deutsche Bank, den sowjetischen Führern vor, die mangelnden Finanzmittel über Regierungskontakte durchzusetzen. Selbst in diesem Fall hätte der höchstmögliche Betrag 20 Milliarden Dollar nicht überstiegen, während die Experten einen 100-Milliarden-Dollar-Kredit für notwendig hielten, um im günstigsten Fall die marode Wirtschaft wieder anzukurbeln. Im Rückblick wissen wir, dass die Erneuerung der ökonomischen Strukturen des Riesenlandes erst zu Beginn des 21. Jahrhunderts in Gang kam, als die russische Wirtschaft ein solides Wachstum erreichen konnte. Offensichtlich wäre dies ohne Systemwechsel kaum möglich gewesen.

So oder so blieb der angeschlagenen Sowjetmacht in ihren letzten Jahren nichts anderes übrig, als um kleinere und weniger günstige Anleihen zu ersuchen und schließlich um humanitäre Hilfe zu betteln – eine ungeheuerliche Demütigung für die Supermacht. Kurz nach der deutschen

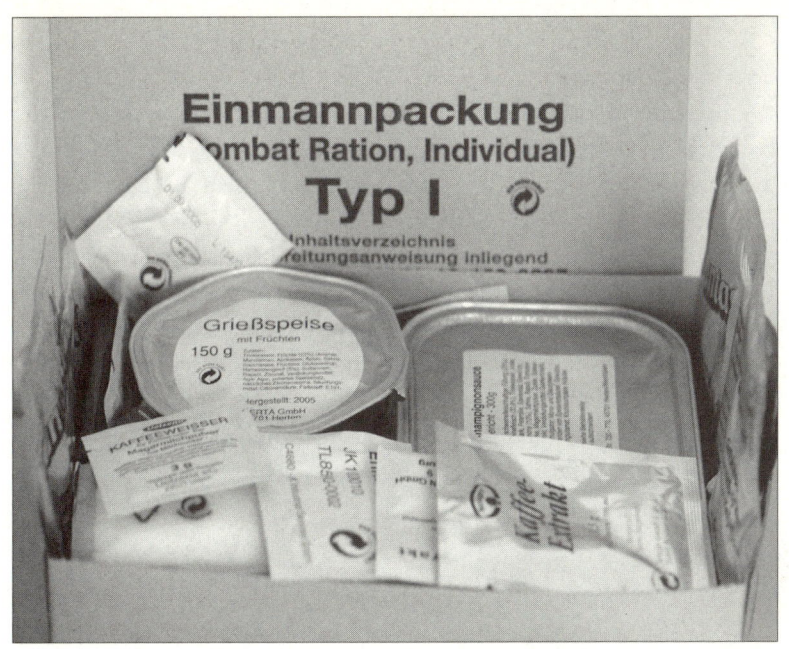

Tagesration Bundeswehr.
Trockenration für acht Millionen Menschen

Wiedervereinigung gewährte die dankbare Bundesregierung dem ehemaligen strategischen Gegner eine großzügige humanitäre Lebensmittel- und Medikamentenhilfe. Aus dem Briefverkehr der Zentralen Verteilungskomitees ist einiges über die Inanspruchnahme der Hilfsgüter zu erfahren. Unter anderem reichte der stellvertretende Verteidigungsminister der UdSSR, Wiktor Archipow, folgenden Antrag ein: «Ich bitte Sie, acht Millionen komplette Tagesrationen (russ. «suchoj pajok») der Bundeswehrsoldaten, die aus Deutschland im Rahmen der humanitären Hilfe angeliefert worden sind, in die Häfen Leningrad, Reval und Memel zu verschicken, damit diese den Armeeangehörigen und deren Familien zur Verfügung gestellt werden können.» Der Inhalt bestand aus Dosenbrot, Hartkeksen, Wurst, Streichkäse, Konfitüre, Zartbitterschokolade, Kaugummi, Tee-Extrakt, Kaffee-Extrakt, Kaltgetränkepulver, Zucker, Speisesalz, Kaffeeweißer, Streichhölzern, Erfrischungstüchern und Toilettenpapier – eine ziemlich exakte Beschreibung der katastrophalen sowjetischen Mangelwirtschaft 1991, also dessen, was man in der Sowjetunion gemeinhin an Lebensmitteln entbehrte.

Auch früher schon hatte die Moskauer Führung versucht, kleinere oder größere Kredite locker zu machen. Kuwait quittierte nach dem Golfkrieg die sowjetische Stellungnahme gegen Saddam Hussein mit einer Anleihe von 500 Millionen Dollar. Südkorea bedankte sich für das als Zwischenstopp deklarierte Treffen zwischen seinem Präsidenten Roh Tae Woo und Gorbatschow, das, um Nordkorea nicht zu brüskieren, auf einer südkoreanischen Insel stattfand, mit einem Drei-Milliarden-Kredit. Auch Bundeskanzler Kohl war bereit, die Kosten des Auszugs der Sowjetarmee aus der ehemaligen DDR nicht nur mit den avisierten 15 Milliarden Dollar zu unterstützen, sondern kräftig nach oben aufzurunden. Das alles aber war nur ein Tropfen auf den heißen Stein.

DER STAAT ALS BANKRÄUBER

Man hätte noch auf die Goldreserven zurückgreifen können, die 1991 jedoch bereits von 720 Tonnen im Jahre 1985 auf 290 Tonnen gesunken waren. Valutaaußenstände hatte der Sowjetstaat nur noch in Staaten, denen er in den letzten zwei Jahrzehnten mehr als großzügig Kredite gewährt hatte: Vietnam, Kuba, Nordkorea, die Mongolei, Irak, Algerien, Angola, Libyen, Nicaragua – allesamt Entwicklungsländer, von denen eine Rückzahlung der schätzungsweise 70 Milliarden Goldrubel nicht zu erwarten war.

Der Devisenmangel begann 1991 das normale Funktionieren des Staates zu gefährden. So weigerte sich die Fluggesellschaft Aeroflot im April, den Mitarbeitern des Ministeriums für Außenhandel Flugtickets für Reisen in westliche Länder zu verkaufen. Für die Handelsvertretungen im Ausland fehlte es an Geld für Telefon, Strom und Heizung. Schließlich stand die Regierung vor der peinlichen Situation, weder den Aufenthalt von Tausenden im Ausland beschäftigten sowjetischen Spezialisten noch deren Rückreise finanzieren zu können. In ihrer Verzweiflung, so wissen wir von dem Ökonomen Jegor Gajdar, war sie sogar zu einer Art Bankraub bereit: Sie entnahm dem Safe der Außenhandelsbank zur Deckung ihrer laufenden Kosten sechs Milliarden Dollar, ohne die Besitzer der Einlagen, juristische und natürliche Personen, vorher um Erlaubnis zu fragen.

Einer der geschädigten Klienten war der Präsident selbst, der die Honorare für seine im Westen veröffentlichten Reden, Beiträge und Interviews dem sowjetischen Geldinstitut anvertraut hatte – ein Zeichen von staatsbürgerlichem Anstand, aber auch unerschütterlichem Optimismus.

Mehr Sorgen als die Verschuldung bereitete den westlichen Partnern, den Regierungen und Banken, die gefährdete Lage ihres Schuldners. Die Wahrscheinlichkeit, dass das Land, dem sie Kredite überlassen sollten, in dieser Form vielleicht zur Zeit der fälligen Rückzahlung nicht mehr existieren würde, ließ die Geldinstitute der reichen Länder besonders vorsichtig agieren. Eine Zeit lang noch galt Gorbatschow als eine Art politisches Pfand, das aber mit Jelzins wachsendem Einfluss in der Politik immer fragwürdiger wurde – für eine relative Stabilität konnten beide Staaten, die UdSSR und Russland, nur gemeinsam bürgen.

Selbst das sowjetische Geld, der Rubel, trug noch 1991 den obligaten

Lenin-Kopf und die Wertangabe in Sprachen der 15 Republiken: Odin Rubl, Odin Karbowanetz, Bir Sum, Bir Manat, Vienas Rublis, Üks Rubla usw. Aber wer konnte mit Sicherheit sagen, ob im nächsten Jahr diese Währungsunion noch existierte? Als Erste der Republiken begann bereits 1991 die Ukraine von der sowjetischen Währung Abschied zu nehmen und ließ stattdessen das Ersatzgeld «Karbowanez» drucken, was den Anfang einer nicht enden wollenden Inflationsspirale nach sich zog.

WARTESCHLANGEN, TROSTSUCHE, WUNDERERWARTUNGEN

Die Normalbürger bemerkten die Entwertung ihres Geldes zunächst an dem Verschwinden der Kopeken. Statt der Fünfermünze mussten sie für die Metroautomaten Chips verwenden. Darauf folgte die schleichende Preiserhöhung, die der Staat mit regelmäßigen Lohnsteigerungen zu kompensieren suchte.

Vor allem die Metropolen Moskau und Leningrad füllten sich allmählich mit Flüchtlingen aus den Kriegs- und Elendsgebieten der Union. Die massenhafte Verarmung konnte nicht mehr im Verborgenen bleiben. Auf den Straßen der Großstädte tauchten mehr und mehr Obdachlose auf, die im Amtssowjetisch als «Personen mit unbestimmtem Wohnsitz» («bez opredeljonnowo mestoschitelstwa», verkürzt «Bomsch») bezeichnet wurden. Zur gleichen Zeit gab es erstmalig sichtbare Straßenprostitution, während zuvor dieses Gewerbe ein verheimlichtes Randphänomen war, das sich in Hinterzimmern abspielte. Die Kriminalität steigerte sich von Tag zu Tag, und die Bürger bangten um ihre Sicherheit – Sicherheitsschlösser aller Art erfreuten sich besonderer Nachfrage.

Je schlechter es um das Brot stand, desto mehr kümmerte man sich um die Zirkusspiele. Auf dem Bildschirm des sowjetischen Fernsehens erschien als nächste Serie die mexikanische Seifenoper «Los ricos también lloran» (Auch die Reichen weinen), in deren halbstündigen Sendungen reichlich Tränen vergossen wurden. In der Eile verzichtete man vermutlich aus Kostengründen auf die Synchronisation, der russische Text wurde simultan gesendet.

Die neu entstandene Öffentlichkeit war mit einer katastrophalen Situation konfrontiert. Die ökonomischen Schwierigkeiten des Landes – äußere und innere Verschuldung, leere Läden, rasante Entwertung des

*Michail Chodorkowskij:
Offen, energisch, optimistisch
– der Geschäftsmann aus dem
Komsomol*

Geldes – schufen neben der soeben spürbaren Aufbruchstimmung auch wachsende Verzweiflung und Hoffnungslosigkeit. Charakteristisch für diese heikle Zeitspanne war das Erscheinen der sogenannten Ekstrassens in den großen Medien – Magier, Seher und allerlei Wunderheiler. So kurierte der Hypnotiseur Kaschpirowskij in Livesendungen des Programms «Telemost» im Moskauer Fernsehen über den Bildschirm Kranke – jedenfalls demonstrierte er diese Tätigkeit unter anderem an einem aus Afghanistan zurückgekehrten kranken General. Der scharfzüngige Volksmund kreierte daraufhin den Vorschlag, der berühmt-berüchtigte Hypnotiseur könne doch das Problem der Lebensmittelversorgung lösen, indem er den Konsumenten die Mangelwaren einfach suggeriere. Eine andere Wunderheilerin, die bereits zu Breschnews Zeiten bekannt gewordene Dschuna Dawitaschwili, die zunehmend durch «kontaktlose Massage» Furore machte, entpuppte sich auch als Wahrsagerin. Nicht zuletzt sah sie das Ende der UdSSR kommen, wozu allerdings im Jahre 1989 nicht mehr allzu viel prophetische Begabung gehörte.

Nicht alle wurden bitterarm, nicht alle waren verängstigt und deplatziert in den neuen Zeiten. Die zweite Hälfte der Achtzigerjahre war von einer rasanten Privatisierung geprägt, zu deren Kennzeichen es gehörte, dass politische Macht relativ leicht in Reichtum verwandelt werden konnte. Im Sommer 1988 erarbeitete die ZK-Führung ein Gesetz «über die Ausweitung der Außenhandelstätigkeit der Jugendorganisation Komsomol» sowie «über die Förderung ökonomischer Tätigkeit». Beide Gesetze wurden von dem damals noch stromlinienförmigen Obersten Sowjet ohne Gegenstimmen angenommen. Tatkräftige junge Menschen begannen mit der Aneignung des staatlichen Vermögens, zunächst durch die Gründung von Kooperativen, später durch Ankauf von maroden staatlichen Unternehmen. Sie gehörten meist zur technischen Elite, so der Ingenieur Boris Abramow, der Ökonom Alexander Beresowskij und der ganz junge Funktionär Michail Chodorkowskij, der in Moskau eine Arbeitsgruppe für technische Innovation leitete. In ihrer Tätigkeit mischte sich eine neue Kreativität mit der Hemmungslosigkeit einer Klasse in statu nascendi. Als dann die 20 Millionen Mitglieder starke Jugendorganisation Komsomol auf ihrem Kongress im September 1991 ihre Selbstauflösung verkündete, mehrte ihr Vermögen den Krösusschatz der neuen Oligarchien und Neureichen, der «nuworischi». Im Schatten des zerfallenden Staatsgebäudes entstanden private Firmen, nicht zuletzt Banken. Am 1. Januar 1989 gab es in der UdSSR 43 solche Geldinstitute, zwei Jahre später waren es bereits 1357. Die meisten von ihnen entbehrten das notwendige Fachpersonal, waren keiner zentralen Bankaufsicht unterstellt und blieben vorerst auch steuerrechtlich unerfasst. Ihre Leistung bestand darin, die Bargeldressourcen der Bevölkerung der staatlichen Kontrolle zu entziehen.

Gorbatschow als Bittsteller

Angesichts dieser bitteren Situation erschien der Staatschef Gorbatschow in der Rolle des Bittstellers gleichsam tragisch und grotesk. Sein enger Mitarbeiter Anatolij Tschernjajew schrieb im Spätherbst 1990 in sein Tagebuch: «Gestern habe ich mich hingesetzt, um Gorbatschows Brief an

Kohl zu schreiben. Am Telefon hat er nicht damit begonnen, seine Bitte zu erörtern, dabei ist SOS-Alarm, denn in einigen Regionen droht bereits der Hunger, in den Kusbass-Bergwerken beginnt der Streik, man ruft ‹Nieder mit dem Präsidenten!› In den Lebensmittelläden der großen Städte sind die Regale buchstäblich leer. Michail Sergejewitsch bittet Kohl um dringende Hilfe – er soll die Banken zwingen, Kredite zu eröffnen und vorauszuzahlen, mit dem Militärvermögen als Pfand, das unsere Truppen nach dem Verlassen Deutschlands zurücklassen werden.»

Im November 1991 erklärte die Außenhandelsbank ihren Bankrott, die Kosten der sowjetischen Botschaften und Handelsvertretungen ließen sich nicht mehr decken, selbst die Mittel für die Rückreise der Diplomaten fehlten. «Michail Sergejewitsch», notiert Tschernjajew, «hat mich beauftragt, an Major als Koordinator der ‹Sieben› zu schreiben … ‹Dorogoj Dschon! Spassaj!› (Lieber John! Rette).»

Der hier apostrophierte britische Politiker John Major, Finanzminister, Außenminister und bald danach der Nachfolger von Margaret Thatcher, hatte Mitte Juli 1991 den sowjetischen Staatschef in London empfangen. Offensichtlich konnte man die Einladungswünsche des weltweit geachteten, mit dem Friedensnobelpreis ausgezeichneten Gorbatschow nicht einfach ignorieren. Aber die märchenhaften rettenden 100 Milliarden Dollar gehörten bereits in das Reich der Fantasie. Die «Glorreichen Sieben» – der Film mit diesem Titel wurde übrigens mit Chruschtschows persönlicher Erlaubnis auch in den sowjetischen Kinos gespielt und erwies sich jahrzehntelang als Publikumsmagnet –, die führenden Industriemächte der Welt hatten bereits kein Vertrauen mehr in die aktuelle Kremlmannschaft. Für Major, in seinem früheren Leben Versicherungsagent, galt das vielleicht noch mehr als für die anderen. Und Gorbatschow wusste bereits, dass seine Position ins Wanken gekommen war – wie sehr dies der Fall war, musste er schon bald nach seiner Rückkehr aus London erfahren.

Das Drama Litauen: Zweiter Akt

«Parade der Souveränitäten» hieß der 1990 beginnende Prozess der Abnabelung der Republiken von der Moskauer Zentrale. Abgesehen von den immer stärker werdenden Unabhängigkeitsbewegungen – die litauische Sajudis, die ukrainische Narodnij Ruch oder die aserbaidschanische Na-

Wilna 1991: Die Panzer kamen, um den angeblichen sowjetfreundlichen Kräften zu helfen – sie führten nur zu einem militärisch sinnlosen Blutvergießen

tionale Front – wurde dieser Prozess auch von ökonomischen Faktoren begünstigt. In dem Maße, wie die sowjetische Wirtschaft ihre Funktionsfähigkeit eingebüßt hatte, waren die wirtschaftlichen Kontakte zwischen Zentrum und Peripherie ins Stocken geraten. Es haperte vor allem bei den Erdöllieferungen und der Energieversorgung. Das war in erster Linie für Gebiete ohne eigene Rohstoffquellen eine Frage von Leben und Tod. Die Republiken wählten bei der Verteidigung ihrer Interessen den Weg des geringsten Widerstandes: Sie blockierten ihrerseits die Lieferungen für das Zentrum, wobei es sich dabei vor allem um Agrarprodukte handelte. Einige nationalkommunistische Regierungen spielten bereits mit dem Gedanken, statt des zunehmend inflationären Rubels ihre eigene Währung einzuführen. Am weitesten ging Litauen, als es sämtliche an der Grenze konfiszierte Schmuggelwaren zur Auffüllung der eigenen Staatskasse verwendete, statt diese Güter wie bisher restlos der zentralen Zollbehörde zur Verfügung zu stellen. Obwohl der dadurch entstandene materielle Verlust für die Zentrale eher geringfügig war, reagierte Moskau, als sei dies ein Casus Belli. Der Einmarsch sowjetischer Landungstruppen und Panzereinheiten in Wilna, die Abriegelung der Hauptstadt von der Außenwelt und vor allem die 14 Todesopfer, allesamt unbewaffnete Bürger, bei der

Besetzung der Fernsehzentrale erweckten den Eindruck, dass der Kreml nun auch blutige Zusammenstöße in Kauf nahm, um den Status quo zu erhalten. Bei der militärischen Planung dieser letzten brutalen Aktion der Streitkräfte rechnete man eindeutig mit dem zeitgleichen Luftkrieg der USA gegen den Irak. Allerdings löste das harte Durchgreifen unionsweit massive Proteste aus, und die westliche Welt gab zu verstehen, dass sich diese Vorgehensweise auf ihre ökonomische Hilfsbereitschaft auswirken könnte.

Die Kremlführung distanzierte sich daraufhin von der Operation bzw. schob die Verantwortung auf einzelne Militärs. Dasselbe war bereits im März 1989 bei den blutigen Unruhen in Tiflis, ebenso in Baku im Januar 1990 geschehen. Bis heute ist unklar, ob dabei Gorbatschow von seinen Intimfeinden innerhalb des Apparats an der Nase herumgeführt worden ist oder aber, unter dem Druck der «Falken» im Politbüro, die Aktion halbherzig mitgetragen hat. Jedenfalls befand sich der frisch gekürte Friedensnobelpreisträger in einer Zwickmühle: Isoliert von der demokratischen Massenbewegung im Lande, wurde er zunehmend zur Geisel jenes Apparats, der nur auf einen günstigen Augenblick wartete, um den Vater der Perestroika loszuwerden. Seine Freunde von gestern vertrauten ihm nicht mehr, und seinen aktuellen «Freunden» konnte er keinesfalls vertrauen.

Licht am Ende des Tunnels

Immerhin erschien ein kleines Licht am Ende des Tunnels: Die führenden Politiker der Moskauer Zentrale und der meisten Republiken einigten sich nach zähen Verhandlungen in Gorbatschows Residenz in Nowo-Ogarewo auf ein Bündnis, die «Union der Souveränen Sowjetrepubliken», die durch einen Bundesvertrag abgesichert wurde. Zwar entsprach dieses Projekt nicht ganz der Variante, für die bei dem Referendum vom März desselben Jahres 73 Prozent der Wähler votiert hatten und die im Wesentlichen eindeutig die Beibehaltung der UdSSR vorsah. Dennoch hatten die potenziellen Unterzeichner des Bundesvertrages versucht, von der ehemaligen UdSSR wenigstens zu retten, was noch zu retten war: eine gemeinsame Verteidigungs- und Außenpolitik sowie einen gemeinsamen Wirtschaftsraum mit einheitlicher Währung, eine Konföderation mit Moskau als Hauptstadt und Russisch als offizieller Sprache.

БЮЛЛЕТЕНЬ

для голосования на референдуме СССР

17 марта 1991 года

Считаете ли Вы необходимым сохранение Союза Советских Социалистических Республик как обновленной федерации равноправных суверенных республик, в которой будут в полной мере гарантироваться права и свободы человека любой национальности.

Оставьте один из указанных ответов, другой вычеркните

ДА   НЕТ

Бюллетень в котором при голосовании вычеркнуты слова ДА и НЕТ или не вычеркнуты оба слова, признается недействительным.

Volksabstimmung am 17. März 1991, Wahlzettel mit der Frage: Halten Sie die Beibehaltung der Union der Sozialistischen Sowjetrepubliken als erneuerter Föderation gleichrangiger souveräner Republiken, in der die Rechte und die Freiheiten der Menschen jeglicher Nationalität vollständig garantiert werden, für notwendig?
Ja Nein

In diesem historischen Moment hing das Schicksal des Riesenreiches wie nie zuvor von der persönlichen Beziehung der beiden Protagonisten ab, des sowjetischen und des russischen Präsidenten. Ihre Vereinbarung, so erinnerte sich der Berater Georgij Schachnasarow an die heißen Sommertage 1991, «wurde zur Quelle einer eigentümlichen Euphorie. Fast in demselben Moment, als die beiden Armeen bereit waren, sich in ein heilloses Handgemenge zu begeben, gehorchten ihre Führer der Stimme des Volkes und einigten sich, in Frieden miteinander zu leben. Das Ereignis wurde sogar mit einem Glas Champagner gefeiert. Wie später Michail Sergejewitsch erzählte, stießen er und Boris Nikolajewitsch sogar miteinander an und tranken auf ihre Gesundheit.» Nun meinte der sowjetische Präsident, vor der für den 20. August geplanten Unterzeichnung des Bun-

Anlässlich der Wahl von Boris Jelzin zum russischen Präsidenten brachte die sowjetische Post eine Briefmarke im Wert von 7 Kopeken, mit der Darstellung des «Weißen Hauses», Sitz des russischen Parlaments, in Umlauf

desvertrages könne er ruhig seinen wohlverdienten Urlaub in Foros auf der Krim antreten.

Unmittelbar vor seiner Abreise fand noch ein Treffen in Nowo-Ogarewo statt, an dem neben Gorbatschow und Jelzin auch der kasachische Parteichef Nursultan Nasarbajew teilnahm. Sie fixierten alle Details der Unterschriftenprozedur und einigten sich auf personelle Veränderungen, die der Zeremonie am 20. August folgen sollten. Entlassen werden sollten KGB-Chef Krjutschkow, Verteidigungsminister Jasow, Ministerpräsident Pawlow, Innenminister Pugo, Vizepräsident Janajew und noch viele weitere hohe Tiere aus der Nomenklatura. Wahrscheinlich sollte auch das Parlament der Union Souveräner Staaten von jemand anderem als dem notorisch unzuverlässigen Anatolij Lukjanow geleitet werden. Die Stimmung war gelöst, man hatte gut gegessen und viel getrunken, und doch wurde der Abend von einer merkwürdigen Unruhe dominiert, die Jelzin auf den Punkt brachte: «Ich habe den Eindruck, Krjutschkow hört jedes unserer Worte.» Dann witzelten sie noch eine Weile über Wände, die Ohren haben.

Das Abhörprotokoll des KGB von diesem Gespräch fand man in der letzten Augustwoche im Safe von Walerij Boldin, einem der Rädelsführer des Staatsstreichs, seines Zeichens Leiter des Apparats des Präsidenten.

DER PUTSCH

Die Datscha in Foros auf der Halbinsel Krim war geheimdienstlich als Objekt «Sarja» (Morgenröte) getarnt. Sie war kurz zuvor fast direkt in eine Felswand über dem Schwarzen Meer gebaut worden, angeblich auf Veranlassung der First Lady Raissa Gorbatschowa, die auf keinen Fall im nahe gelegenen ehemaligen Sommerhaus Breschnews ihren Urlaub verbringen wollte. Als der Präsident am 9. August Moskau verließ, schien er trotz der schwierigen Lage relativ zuversichtlich zu sein. Er fühlte sich durch den Besuch seines amerikanischen Kollegen Bush Mitte Juli gestärkt, und kurz vor seiner Abreise gelang es ihm, einen Konsens mit den meisten Parteichefs der Union zu finden. Sein Urlaub sollte am 19. August enden, und für den ersten Arbeitstag, den 20. August, war die Unterzeichnung des «Bundesvertrags» geplant, der den Erhalt der UdSSR als lockerer Staatenbund sichern sollte. Auf diesen Traum folgte ein recht böses Erwachen, als am Morgen des 19. August sein Telefon nicht mehr funktionierte und auch die vertraute persönliche Wache vor dem Haus abgezogen worden war. Gorbatschow begriff von Anfang an, dass es sich um einen Staatsstreich handelte. So blieb er, Führer der Supermacht Nummer zwei, allein mit dem Meer und dem berühmten Atomkoffer.

Putschführer Krjutschkow ging zu einer flächendeckenden Observierung Gorbatschows und seiner Familie über. Das Journal des Diensthabenden für das «Objekt Morgenröte» ist in dieser Hinsicht ein einzigartiges Dokument. Der Alltag des Ersten Mannes wurde darin genauso festgehalten wie der eines Dissidenten zu Breschnews Zeiten. So erhielt der Vater der Perestroika die Observationsnummer 111, seine Frau die 112. Und in aller Ernsthaftigkeit wurde notiert: «12.40 Uhr: 111 verlässt das Haus. 12.45 Uhr zum Strand. 13.20 Uhr: 112 verlässt den Swimmingpool. 18.24 Uhr: 111 kommt vom Strand. 18.30 Uhr: 111 befindet sich im Swimmingpool. 19.04 Uhr: 111 verlässt den Swimmingpool.» Zwischendurch lief der Draht heiß, Froschmänner und Elektronik kamen ins Spiel: Um 15.25 Uhr meldete die Boje 3 als Signal eine Verletzung der Wassergrenze von «Morgenröte». Zum Glück folgte gleich die Entwarnung: Das Objekt dürfte ein Delfin gewesen sein.

Die Putschisten: betrunken, mit zitternden Händen

Der Putschversuch des selbst ernannten «Staatskomitees für den Ausnahmezustand in der UdSSR» handelte rational, was die logistische Seite eines Staatsstreiches anbelangte. Was die Sicherung des Projekts insgesamt betraf, war das Vorgehen ziemlich dilettantisch, und in Bezug auf die politische Konzeption war es vollständig ideenlos. Obwohl die ersten Maßnahmen, die Umzingelung der Hauptstadt und der demonstrative Aufmarsch mit Panzern – der Militäraktion in Wilna verblüffend ähnlich –, keinen geringen Schrecken erzeugten, zeigte bereits die erste Pressekonferenz die Schwäche der Putschisten. Sie saßen, teilweise angetrunken, mit sichtbar zitternden Händen vor den Mikrofonen und konnten keine konkreten Pläne vorbringen. Vor allem aber sahen sie tatenlos zu, wie ihr eigentlicher Gegner, der russische Präsident Boris Jelzin, die Initiative übernahm. Dieser konnte von Anfang an mit der Unterstützung der «Kraftstrukturen», der Armee und des KGB, rechnen und genoss mehr denn je das Vertrauen der Bevölkerung. Er rief die Putschisten über die freien Medien dazu auf, ihre staatsfeindliche Tätigkeit zu beenden und die gesetzmäßigen Befugnisse des Präsidenten Gorbatschow wiederherzustellen.

Nach einigen angespannten Tagen brach das riskante Unternehmen zusammen. Zwei der wichtigsten Hintermänner des Staatsstreichs, General-

1991: Die Moskauer protestieren gegen den Staatsstreich auf der Gorkistraße

stabschef Marschall Achromejew und Innenminister Generalmajor Pugo, begingen Selbstmord. «Ich kann nicht mehr leben, wenn meine Heimat stirbt, wenn all das vernichtet wird, was ich für den Sinn meines Lebens hielt», hieß es in Achromejews erschütterndem Abschiedsbrief. Die anderen wichtigen Teilnehmer wurden verhaftet und bald vor Gericht gestellt – erst mit der Amnestie 1994 kamen sie wieder frei.

Spätabends am 21. August landete in Moskau das Flugzeug, das den sichtlich angeschlagenen Michail Gorbatschow und die im Schockzustand befindliche Präsidentengattin von der Krim zurückbrachte. Ein paar Tage später fand die feierliche Beerdigung der Opfer des militärischen Abenteuers statt: drei junge Menschen, die von Panzern überrollt worden waren. Der Staatschef Gorbatschow erschien zu diesem Anlass nicht, verlieh aber jedem der jungen Toten postum den Titel «Held der Sowjetunion». Es waren die letzten drei Auszeichnungen dieser Art.

Der Putsch endete nicht nur als Niederlage für seine Organisatoren, sondern besiegelte auch das Ende der Sowjetunion. Ihm folgten die Selbstauflösung der KPdSU und die massive Einschränkung der Machtbefugnisse des Präsidenten. Der Bundesvertrag, gegen den eigentlich der Coup d'État gerichtet war, kam nie zustande, was bereits in die Richtung der

Die Rückkehr Gorbatschows von der Krim: Wo fahren wir hin, fragte der Chauffeur.
Auf die Datscha, antwortete der Präsident

Liquidation jener Pleitemasse zeigte, zu der die Supermacht geworden war. Statt dessen trafen Anfang Dezember 1991 im Naturpark Beloweschskaja Puscha der russische, ukrainische und weißrussische Präsident eine Vereinbarung über die Schaffung eines neuen Staatenbundes bei gleichzeitiger Annullierung des Föderationsvertrags von 1922. In diesem politischen Gebilde war kein Platz mehr für einen sowjetischen Präsidenten vorgesehen. Auch die Republiken zeigten an einer Fortsetzung des Staatenmodells Sowjetunion kein Interesse, nachdem sie in den Tagen des Putsches ihre Unabhängigkeit erklärt hatten.

Beginnend am 13. Dezember, führte Gorbatschow Telefongespräche aus dem Kreml mit seinen wichtigsten politischen Partnern der letzten sechs Jahre: mit dem US-Präsidenten, mit Bundeskanzler Kohl, Bundesaußenminister Genscher, dem französischen Präsidenten Mitterrand und dem britischen Premier Major. Schließlich bereitete er sich gemeinsam mit seinen Beratern auf den Abschied von der bereits nicht mehr sowjetischen Bevölkerung vor. Am 25. Dezember 1991 begann er die Rede zum ersten Mal nicht mit der gewohnten Wendung «Genossen», sondern mit der Ansprache: «Liebe Landsleute! Mitbürger!»

Ohne dass hier eine historische Bilanz der beinahe 70 Jahre bestehen-

Datscha Beloweschje

den UdSSR gezogen werden soll, muss doch angemerkt werden, dass eine der letzten Entscheidungen dieses Staates von tiefer Vernunft und Humanität zeugte: Es handelt sich um den Abzug der nuklearen Waffen aus den unabhängig gewordenen Republiken. Zur Zeit der Auflösung der Union befand sich ein Teil des Arsenals außer in der Russischen Föderation noch in der Ukraine, in Kasachstan und in Weißrussland. Alle neuen Staaten verzichteten auf die sowjetischen Waffen, um die Gefahr einer Katastrophe für sich selbst zu minimieren.

Zur Masse von Nuklearwaffen in der Sowjetunion seien hier einige Zahlen genannt.

In der Russischen Föderation gab es 1064 interkontinentale ballistische Raketen mit 4278 Sprengköpfen, 26 Atom-U-Boote mit 940 ballistischen Raketenträgern, in der Ukraine 176 interkontinentale ballistische Raketen – mehr als in Frankreich und Großbritannien zusammen. In Kasachstan waren es 104 interkontinentale ballistische Raketen mit 1040 nuklearen Sprengköpfen. Die Sicherstellung dieser enormen militärischen Schlagkraft kam zweifelsohne einer Abrüstung in großem Stil gleich.

Die Erklärung über die Auflösung der Sowjetunion tippte die Sekretärin des Direktors des Naturparks auf dieser Maschine mit kyrillischer Tastatur, Marke Optima

DIE ANSICHTEN GEHEN AUSEINANDER

20 Jahre sind seither vergangen, aber die Debatte über die UdSSR und ihren Zerfall hört nicht auf. Gorbatschow ist bis heute der Meinung, die Union hätte beibehalten werden sollen, und seine Stiftung widmete diesem Thema 1995 ein «Weißbuch». Sein Kontrahent Jelzin sah das selbstverständlich anders: «Ich habe niemals an der Richtigkeit des Schrittes 1991 gezweifelt. Dort in Beloweschskaja Puscha versuchten wir den einheitlichen politischen Raum nicht zu zerstören, sondern vielmehr zu bewahren. Die Sowjetunion konnte nicht weiter existieren, der Staat platzte aus allen Nähten. Wir ließen uns auf diesen Kompromiss ein, um die traditionellen Beziehungen aufrechtzuerhalten, um offene und interethnische Konflikte zu vermeiden.» Präsident Wladimir Putin sah in dem Zerfall der Supermacht «die größte geopolitische Katastrophe. Für das russische Volk erwies sich der Zusammenbruch als richtiges Drama. (…) Außerdem hat die Epidemie des Zerfalls auch Russland selbst ergriffen.»

Ähnlich wie der Großrusse Putin, aber aus anderem Grund bedauert der Kommunistenchef Gennadij Sjuganow das Ende des Sowjetstaates: «Die entscheidende Rolle bei der Zerstörung des Landes spielte der subjektive Faktor: Die Schwäche und Inkompetenz der damaligen Führung, ihre Feigheit, die in direkten Verrat überging, die Degeneration eines bedeutenden Teils der politischen Elite. Es ist kein Geheimnis, dass die Krise der Führungsriege, die wegen prinzipienloser Machtkämpfe ausbrach, geschickt von ausländischen Geheimdiensten und ideologischen Zentren missbraucht wurde.»

Es gibt aber nicht nur Selbstrechtfertigungen und Verschwörungstheorien über die Gründe des Untergangs der Union, sondern auch ambivalente Äußerungen wie die des Moskauer Patriarchen Alexij II.: «Obwohl ich begreife, dass der Zerfall der Sowjetunion die Folge einer totalitären Nationalpolitik war, die zudem auf einer militanten Gottlosigkeit gründete, muss ich dennoch sagen, dass die Spaltung zwischen uns für die absolute Mehrheit der Bevölkerung der Gemeinschaft tief unverständlich und naturwidrig bleibt. Sie erstreckte sich nämlich über jedes Volk, über viele Familien, über verwandtschaftliche Beziehungen, über gemeinsamen Glauben, gemeinsame Kultur, gemeinsame Geschichte und letztendlich – über die Herzen der Menschen.» Schließlich ein Satz des ukrainischen Parlamentspräsidenten Alexandr Moroz: «Wer den Zerfall der ehemaligen Sowjetunion nicht bedauert, hat kein Herz, wer aber die Meinung vertritt, sie könne wiederhergestellt werden, hat kein Hirn.»

Die Welt nach der Sowjetunion

Selbstverständlich ging es bei diesen Urteilen nicht nur um die Supermacht, die bereits der Vergangenheit angehörte, sondern auch um eine Bilanz ihrer historischen Leistung. Sie hatte versucht, den Kapitalismus weltweit durch eine Ordnung ohne Ausbeutung abzulösen – eine Vision, die ihre Wurzeln in der französischen Aufklärung und Revolution hatte und die zusammen mit den kommunistischen Diktaturen gescheitert war. Sehr viele Menschen glaubten an dieses Ideal, selbst wenn sie die Methoden und die Ideologie seiner «Verwirklichung» ablehnten. Gleichzeitig ging die Freiheit für die Völker der ehemaligen UdSSR und Osteuropas mit dem enormen Schock der Transformation einher. Einer, der niemals ein Anhänger des kommunistischen Systems war, der ungarische Schriftsteller Imre Kertész, fand hierfür in seinem «Galeerentagebuch» vom März 1990 bewegende Worte: «Ich habe die Auflösung des Konzentrationslagers Buchenwald 1945 gesehen, den Ausbruch des roten Terrors 1948, seinen Zusammenbruch 1956, seinen Wiederausbruch 1957 usw. Immer das gleiche Schauspiel! Und das Wichtigste: Nur weil roter Terror und Bolschewismus aufgehört haben, müssen wir noch lange nicht denken, dass die Vereitelung des sogenannten Sozialismus nicht die größte menschliche Niederlage des Jahrhunderts wäre.»

Die postsowjetische Welt ist von einem unstrittig positiven Bild weit entfernt. Zweifelsohne gehörten die Schaffung von demokratischen Institutionen und die Sicherung bürgerlicher Grundfreiheiten auf einer Fläche von mehr als 25 Millionen Quadratkilometern sowie der Beitritt der ehemaligen Ostblockländer in die EU zu den wichtigsten historischen Ereignissen seit dem Ende des Zweiten Weltkriegs. Aber dieser Prozess ist bei Weitem nicht abgeschlossen und hat zudem neue, ungeahnte Probleme in den befreiten Ländern geschaffen. Vor allem aber hat das Ende der Konfrontation der Blöcke zu keinem stabilen und dauerhaften Friedenszustand in der Welt geführt. Mittlerweile warten ökologische, ökonomische und soziokulturelle Probleme weltweit dringend auf ihre Lösung.

NACHWORT

Wir haben bei der Entstehung dieses gesamteuropäischen Kulturprojekts viel diskutiert. «Lebt wohl, Genossen!» sollte neue Maßstäbe in der Geschichtsaufarbeitung setzen und mehr als nur die Addition seiner einzelnen Elemente sein. Das Gesamtprojekt besteht aus einer internationalen TV-Reihe mit über 16 beteiligten Fernsehstationen in Ost- und Westeuropa, dem größten historischen Webformat, das derzeit in Europa in Produktion ist, einer europaweiten Veranstaltungsreihe und diesem in vielen Ländern erscheinenden Buch.

Der Zusammenbruch der Sowjetunion kam unvorhergesehen. Kein Politiker, kein Dissident und kein Geheimdienst hatte mit einem so schnellen Ende gerechnet. Es bedeutete die Auflösung eines riesigen Reiches und das Ende der über vierzigjährigen europäischen Teilung. Die Ideengeschichte des real existierenden Sozialismus und der Traum vom Kommunismus wurden hiermit endgültig infrage gestellt.

Für mich als Filmemacher und international tätiger Produzent stand am Anfang ein großes Filmprojekt – ein Sechsteiler mit dem Kulturkanal ARTE – im Zentrum. Mein französischer Koproduzent Olivier Mille und ich saßen am Vorabend der Weltwirtschaftskrise in der Abendsonne eines Cafés an der Croisette in Cannes. Wir diskutierten die Ausrichtung einer solchen TV-Reihe mit den ARTE-Redakteuren Elisabeth Hulten, Martin Pieper und Peter Gottschalk. Über den Tisch wirbelten Sätze wie «Rom ist untergegangen, ja Athen auch, doch die Ideen haben stets überlebt!», «Ich bin fest davon überzeugt, der Sozialismus wird wiederkommen! Alles ist irgendwann wiedergekommen!», «Die Ideen sind missbraucht worden, keiner kann sich mehr darauf berufen! Nie wieder so viel Leid und Grausamkeit!», «Der Mensch lernt nie aus der Geschichte, die Zeitdimensionen überfordern ihn!». In einem Punkt bestand allerdings Einigkeit und Klarheit: Beim Zusammenbruch der Sowjetunion ging ein Kapitel der großen europäischen Geschichte zu Ende, und dieses muss groß erzählt werden.

Doch wie und von wem? Nach all den Diskussionen fanden wir dann doch schnell einen Nenner: «Bitte nicht wieder die Besserwisserperspektive des Westens, der uns den Osten erklärt. Wir sind nicht BBC, wir sind

ARTE – der europäische Kultursender!» An diesem Abend entschieden wir, die Geschichte solle grundsätzlich von denen erzählt werden, die sie erlebt haben! Nicht Politiker, nicht Dissidenten, die in der Rückschau meist behaupten, es schon immer gewusst zu haben, sondern die Menschen aus den osteuropäischen Ländern mit ihren Erfahrungen sollen im Mittelpunkt stehen. Durch diese Menschen wollen wir verstehen, wie es sich in diesem sowjetischen Großreich gelebt hat und wie die Risse zustande kamen, die irgendwann das System kollabieren ließen. Verstehen soll im Vordergrund stehen und nicht die Präsentation einer vorgefertigten Meinung.

Der französische Philosoph und Herausgeber Jean-François Colosimo zeichnete den historischen Rahmen. Wir legten fest, am Höhepunkt der territorialen Ausdehnung der sozialistischen Idee im Jahre 1975 unsere chronologische Reise zu beginnen und durch alle Länder des Ostblocks hindurch bis zum Ende zu erzählen. 1975 war ein historischer Wendepunkt, es war der Anfang vom Ende.

Nun musste jedoch ein Autor für das Gesamtprojekt gefunden werden. Gemeinsam mit meinem Mitarbeiter und später für die TV-Reihe verantwortlichen Producer Georg Tschurtschenthaler machte ich mich auf die Suche nach dem geeigneten Autor. Wir trafen viele Historiker und osteuropäische Intellektuelle und fanden unseren Wunschkandidaten in György Dalos. Sein Stil, Blick und Wissen überzeugten uns von Anfang an, und wir waren glücklich, ihn für dieses Projekt gewinnen zu können. Im Gegensatz zu vielen Anderen hatte er keine Berührungsängste mit dem Massenmedium Fernsehen und schenkte uns gleich sein Vertrauen. Schon beim ersten Treffen sprudelten die Ideen nur so aus ihm heraus, und bevor wir überhaupt mit György Dalos in vertragliche Verhandlungen eintreten konnten, lag bereits der erste zehnseitige Entwurf auf dem Tisch. Im Frühjahr 2009 präsentierten wir die Filmidee das erste Mal osteuropäischen Produzenten und Sendern auf einer Dokumentarfilmmesse in Sofia. Wir waren angespannt und nicht sicher, wie unsere Idee eines solch großen historischen Projektes dort aufgenommen werden würde. Schließlich kommen wir aus Frankreich und Deutschland, und die Deutungshoheit über Geschichte ist eine extrem sensible Angelegenheit. Doch zu unserer Erleichterung wurde die Idee überaus positiv aufgenommen, und wir fanden sofort eine Menge osteuropäischer Partner, die an diesem Projekt teilnehmen wollten!

Somit konnten wir von Anfang an gesamteuropäisch miteinander diskutieren, welche Prozesse zum Zusammenbruch des Systems geführt hatten: War es der Fall der deutschen Mauer? Solidarność oder der Papstbesuch in Polen? Der Aufstand in Prag? Der sowjetische Einmarsch in Afghanistan oder doch der Alkoholkonsum in der Sowjetunion?

Erst hier wurde klar, worauf wir uns alle mit diesem Projekt eingelassen hatten! Die Geschichte war noch so jung, dass überhaupt keine Auseinandersetzung zwischen den ehemaligen Bruderstaaten stattgefunden hatte. Unsere gemeinsame Reise geht durch die Geschichte aller Oststaaten in ihrem Innen- und Außenverhältnis zu den jeweiligen Machtzentren. Wir beleuchten das Verhältnis des Volkes zur jeweiligen Regierung und umgekehrt sowie das Verhältnis der Satellitenstaaten untereinander und zum Machtzentrum in Moskau und wieder zurückgespiegelt. Und natürlich spielten hier Befindlichkeiten aller beteiligten Partner hinein! Eine komplexe Angelegenheit. Als studierter Kulturwissenschaftler habe ich gelernt, interdisziplinär zu denken, als kreativer Produzent, mit Regisseuren inhaltlich und dramaturgisch zu arbeiten und als international tätiger Produzent, diplomatisch zu handeln – und bei all dem nicht die wirtschaftlichen Gesichtspunkte aus dem Auge zu verlieren. Dieses Projekt hat mich an alle Grenzen und auch weit darüber hinaus geführt! Es war die härteste Produktion, die ich je in Angriff genommen habe.

Immer wieder gab es Rückschläge: Die Finanzkrise, die zum Zusammenbruch der Film- und Kulturförderungen in Osteuropa führte; Vorbehalte und Spannungen zwischen den verschiedenen Sendern in Ost und West, ein Regiewechsel nach Beginn der Dreharbeiten und eine ständige finanzielle Mangelwirtschaft in der Produktion.

Doch im Team lag die Stärke: Mein Koproduktionspartner Olivier Mille auf französischer Seite, Georg Tschurtschenthaler – auch «der Diplomat» genannt –, der als Creative Producer alle Fäden zusammenhielt, Regisseur Andrei Nekrasov, der für die TV-Serie eine ungewöhnliche Form der Geschichtserzählung entwickelte, Dominique Treilhou, die unermüdlich zwischen den Partnern in Ost und West kommunizierte, Lena Thiele, die das interaktive Webformat entwickelte und mit Unterstützung von Benjamin Landsberger produzierte, sowie Kathrin Isberner und Victoire Buff, die als Produktionsleitungen gegen alle Widerstände für eine möglichst reibungslose Umsetzung sorgten – um nur einige zu nennen, die die Hauptlast trugen. Es seien hier aber auch unsere osteuropäischen

Koproduktionspartner hervorgehoben, wie Havas Films (Ungarn), Hi-Film Productions (Rumänien), Hyper Market Films (Tschechische Republik), Eureka Media (Polen) und Trigon Production (Slowakei). Mit großem Engagement recherchierten sie Geschichten von Menschen aus den jeweiligen Ländern und ermöglichten somit einen authentischen Ansatz aus der Innenperspektive. Allen voran stand der wunderbare europäische Kultursender ARTE, der dieses Projekt initiiert hat und es von Anfang an mit seinen Redakteuren aus Frankreich und Deutschland begleitete. Ende gut, alles gut?

Das Buch, die TV-Reihe, die Veranstaltungsreihen und das interaktive Webformat können – jeweils auf eine bestimmte Generation und Publikum bezogen – nur Fragen aufwerfen, die am Ende des Zeitalters der Aufklärung stehen. Unser Leben ist endlich, und bleibt nicht immer wieder die Frage, was wir von ihm wollen und wie wir es gestalten?

Ich bedanke mich im Namen von Artline Films und der gebrueder beetz filmproduktion bei allen, die an diesem gesamteuropäischen Geschichtsprojekt teilgenommen und uns unterstützt haben.

Berlin im September 2011   *Christian Beetz*

ZEITTAFEL

1985

1984–1985	Bulgarien	Kampagne für die Bulgarisierung der Namen von Staatsbürgern türkischer Nationalität oder moslemischen Glaubens.
8. Januar	Rumänien	Massive Energieeinschränkungen (vor allem Strom und Benzin).
12. März	UdSSR	Michail Gorbatschow wird zum Generalsekretär des ZK der KPdSU gewählt.
14. Juni	Ungarn	Illegale Tagung systemkritischer Gruppen in dem ostungarischen Dorf Monor.
15. Oktober	Ungarn	Kulturforum der KSZE in Budapest und alternative Veranstaltung der demokratischen Opposition.
17. Oktober	UdSSR	Geheime Entscheidung des Politbüros des ZK der KPdSU über den Abzug der Sowjettruppen aus Afghanistan.
19.–20. November	UdSSR	Treffen zwischen Reagan und Gorbatschow in Genf.

1986

25. Februar–6. März	UdSSR	XXVII. Parteitag der KPdSU. Das Programm der Perestroika wird bestätigt.
15. März	Ungarn	Eine ungenehmigte Demonstration zum Jahrestag der Revolution von 1848 wird von der Polizei zerschlagen.
April	Ungarn	Ökonomen erarbeiten ihr Programm *Wende und Reform*.
26. April	UdSSR	Katastrophe im Atomkraftwerk Tschernobyl.
Juni	DDR	Die Samisdatzeitschrift *Grenzfall* erscheint. Gründung der *Initiative für Frieden und Menschenrechte*.
23. Juni	Rumänien	Das ZK-Plenum erhöht die Planziffer der Produktion um 40 %.
3. Juli	UdSSR	Gorbatschow spricht im Politbüro über den Verzicht auf militärische Lösung von Krisen in den sozialistischen Staaten. («Sonst werden wir sie uns auf den Hals laden.»)
11. September	Polen	Amnestie für politische Gefangene.

29. September	Polen	Gründung eines Provisorischen Rats der Solidarność in Danzig.
1. Oktober	Bulgarien	Massive Einschränkungen des Energieverbrauchs.
12. Oktober	UdSSR	Reagan-Gorbatschow-Treffen in Reykjavik.
5. Dezember	Ungarn	Ungenehmigte Konferenz von Teilnehmern und Historikern des Volksaufstands 1956 in einer Budapester Privatwohnung.
20. Dezember	UdSSR	Nationale Unruhen in Almaty (Kasachstan).
23. Dezember	UdSSR	Rückkehr des Akademiemitglieds Andrej Sacharow aus der Verbannung.

1987

12. Januar	Polen	General Jaruzelskis Besuch bei Papst Johannes Paul II.
5. Februar	UdSSR	Zulassung von Kooperativen im Bereich der Ernährung und Lebensmittelproduktion.
April	Ungarn	Die Samisdatzeitschrift *Beszélő* veröffentlicht den *Gesellschaftsvertrag*, ein Programm zur Krisenbewältigung.
9. April	ČSSR	Gorbatschow in Prag, wird auf Kosten des Gastgebers Gustav Husák bejubelt.
25. Mai	Rumänien	Gorbatschow in Bukarest, verleiht Ceauşescu den Leninorden.
8. Juni	Polen	Der Papst besucht Polen.
25. Juni	Ungarn	Die Regierung von Károly Grósz tritt mit ihrem *Entfaltungsprogramm* auf.
7.–11. September	DDR	Honecker reist in die Bundesrepublik.
27. September	Ungarn	«Volksnationale» Intellektuelle versammeln sich im Dorf Lakitelek und gründen das *Ungarische Demokratische Forum (MDF)*.
28. September	UdSSR	Bildung einer Kommission zur Überprüfung der Repressalien der Stalinzeit.
	Bulgarien	Ökologische Demonstration des illegalen Komitees zur Rettung der Stadt Russe in der Stadt an der rumänischen Grenze.
21. Oktober	UdSSR	Konflikt zwischen Jelzin und Gorbatschow über das Tempo der Reformen.
15. November	Rumänien	Massendemonstration in Kronstadt, wird von der Armee und Polizei zerschlagen.
25. November	DDR	Polizeiangriff auf die Berliner *Umweltbibliothek*.
29. November	Polen	Volksabstimmung über die Reform: 44 % Ja-Stimmen bei 67 % Beteiligung.
16. Dezember	Rumänien	Bundesaußenminister Genscher vereinbart in Bukarest die weitere Umsiedelung der deutschen Minderheit gegen eine «Kopfquote».

17. Dezember	ČSSR	Husák wird als KP-Chef abgelöst, behält jedoch das Amt des Präsidenten.
28. Dezember	Rumänien	Ein Beschluss der KP-Führung verbietet die Aufnahme jeglicher Auslandskredite.
30. Dezember	Ungarn	Regierungserlass über die Genehmigung privater Unternehmen in Form von GmbHs.

1988

1. Januar	Ungarn	Einführung der ungehinderten Reisefreiheit («Weltpass»).
16. Januar	Bulgarien	Gründung der oppositionellen Gruppe *Unabhängige Gesellschaft zum Schutz der Menschenrechte* in Sofia.
17. Januar	DDR	Verhaftungen am Rand der offiziellen Luxemburg-Liebknecht-Gedenkveranstaltung und Ausweisung einer Gruppe von Menschenrechtlern.
1. Februar	Rumänien	Temporäres Verbot der Nutzung privater PKW.
9. Februar	UdSSR	Gorbatschow erklärt öffentlich den Rückzug der Sowjettruppen aus Afghanistan.
12. Februar	UdSSR	Beginn des armenisch-aserbaidschanischen Konflikts um Berg-Karabach.
2. März	Rumänien	Bei einem Treffen der Bürgermeister wird der sogenannte Plan zur Systematisierung verkündet, in deren Rahmen 8000 Dörfer liquidiert werden sollen.
13. März	UdSSR	In der Zeitung *Sowjetskaja Rossija* erscheint das Pamphlet von Nina Andrejewa gegen die Perestroika.
25. März	ČSSR	Demonstration für Glaubensfreiheit in Bratislava mit 4000 Teilnehmern.
30. März	Ungarn	Gründung des oppositionellen *Bundes Junger Demokraten (Fidesz)*.
April	Polen	Erste von der Solidarność organisierte Streikwelle gegen Preiserhöhungen.
9. Mai	ČSSR	Kardinal Tomášek schreibt einen Brief über Glaubensfreiheit an Staatschef Husák.
20. Mai	Ungarn	Landeskonferenz der USAP: Kádár wird als Generalsekretär abgelöst und zum Ehrenvorsitzenden bestimmt.
27. Mai	Ungarn	Genehmigte Demonstration gegen das Wasserkraftwerk Gabcikovo/Nagymaros.
29. Mai	UdSSR	Reagan in Moskau, Vereinbarung über den Abbau von Mittelstreckenraketen.
19. Juni	Polen	Kommunalwahlen bei 56 % Beteiligung.

16. August	Polen	Zweite Streikwelle für die Legalisierung der Solidarność.
21. August	ČSSR	Demonstration in Prag zum Gedenken an die Zerschlagung des Prager Frühlings.
31. August	Polen	Durch Vermittlung katholischer Kreise kommt es zu einer persönlichen Begegnung zwischen Innenminister Kiszczak und Arbeiterführer Wałęsa.
6. September	Rumänien	Die Geistlichen der Temesvarer evangelischen Kirche protestieren gegen die «Dorfsystematisierung». Motor des Protestes ist der Geistliche László Tőkés.
16. September	Polen	Vereinbarung in Magdalenka bei Warschau über die Verhandlungen am Runden Tisch.
1. Oktober	UdSSR	Gorbatschow wird Vorsitzender des Obersten Sowjets (Staatschef).
3. November	Bulgarien	Gründung des Diskussionsklubs zur Unterstützung von Glasnost und Perestroika in Sofia mit dem Philosophen Schelju Schelew an der Spitze.
19. November	DDR	Das sowjetische Digestjournal *Sputnik* wird wegen kritischer Artikel verboten.
23. November	Ungarn	Gründung des oppositionellen *Bundes Freier Demokraten (SZDSZ)*.
24. November	Ungarn	Miklós Németh wird neuer Ministerpräsident.
30. November	Polen	Öffentliche Fernsehsehdebatte zwischen Wałęsa und dem offiziellen Gewerkschaftschef Miodowicz.
7. Dezember	UdSSR	Erdbeben in Armenien.
18. Dezember	Polen	Gründung eines oppositionellen Bürgerkomitees für Verhandlungen mit der Regierungsseite.

1989

10. Januar	Ungarn	Das ZK der USAP beschließt, politische Parteien zuzulassen.
	DDR	Honeckers Erklärung, die Berliner Mauer werde noch in hundert Jahren bestehen.
15. Januar	ČSSR	Demonstration zum Gedenken an Jan Palach, der sich 1969 aus Protest gegen die Invasion verbrannt hatte.
		Festnahme von Václav Havel.
18. Januar	Polen	Das Plenum des ZK der kommunistischen PVAP akzeptiert den politischen und gewerkschaftlichen Pluralismus.

28. Januar	Ungarn	Imre Pozsgay, Mitglied des Politbüros, bezeichnet in einem Rundfunkinterview die bisher als «Konterrevolution» verfemten Ereignisse von 1956 als «Volksaufstand».
6. Februar	Polen	Eröffnung der Verhandlungen am Runden Tisch im Präsidentenpalais Warschau.
11. Februar	Bulgarien	Gründung der unabhängigen Gewerkschaft *Podkrepa* (dt. Unterstützung) in Plovdiv.
24. Februar	Ungarn	Die Ungarische Sozialistische Arbeiterpartei verzichtet auf ihren in der Verfassung verankerten Führungsanspruch.
März	UdSSR	Beginn des Bergarbeiterstreiks in Donezk.
11. März	Rumänien	Ein Brief von sechs Altkommunisten an Ceauşescu fordert Änderung der katastrophalen Lage des Landes.
26. März	UdSSR	Erste freie Wahlen zum Kongress der Volksdeputierten – zunächst mit einer Mehrheit der KPdSU.
5. April	Polen	Erfolgreicher Abschluss der Gespräche, u. a. Wiederherstellung des Zweikammernparlaments, wobei im Sejm 65 % der Mandate bei den ersten Wahlen den Kommunisten vorbehalten sein sollen. Die Senatswahlen sind völlig frei.
13. April	Bulgarien	Gründung der größten oppositionellen Organisation *Ökoglasnost* in Sofia.
17. April	Polen	*Solidarność* wird legalisiert.
7. Mai	DDR	Bei den Kommunalwahlen weisen Bürgerrechtler massive Fälschungen nach.
2. Juni	Bulgarien	Beginn der massenhaften Vertreibung der türkischen Minderheit unter dem Vorwand der Reisefreiheit. Bis Ende August werden 300 000 Staatsbürger in die Türkei abgeschoben.
4. Juni	Polen	Wahlen für beide Kammern – in den Senat wird kein PVAP-Kandidat gewählt.
16. Juni	Ungarn	Neubestattung von Imre Nagy und seinen Kampfgefährten.
29. Juni	ČSSR	Petition «Einige Sätze» der Charta 77 mit einem Dialogvorschlag zur Demokratisierung.
Juli	DDR	Ausreisewillige besetzen die Botschaften in Prag, Warschau und Budapest.
6. Juli	Ungarn	Tod János Kádárs.
18.–19. August	DDR	Bei dem sogenannten Paneuropapicknick in Ungarn fliehen DDR-Bürger über die offene Grenze nach Österreich.
19. August	Polen	Regierung Mazowiecki.

21. August	ČSSR	Demonstration zum Jahrestag der Zerschlagung des Prager Frühlings mit einigen tausend Teilnehmern.
10. September	DDR	Gründung des Neuen Forums. Kurz darauf Gründung der Oppositionsgruppen Demokratie jetzt, Demokratischer Aufbruch und Sozialdemokratische Partei.
11. September	Ungarn	DDR-Flüchtlinge dürfen offiziell aus Ungarn ausreisen.
4. Oktober	DDR	Erklärung der Partei- und Staatsführung zum Massenexodus; den DDR-Flüchtlingen werde «keine Träne nachgeweint».
7. Oktober	DDR	40. Jahrestag der Gründung der DDR in Anwesenheit von hohen Staatsgästen, u. a Gorbatschow. Am Rand der offiziellen Feierlichkeiten oppositionelle Demonstrationen, die brutal auseinandergetrieben werden.
	Ungarn	Auf dem letzten Parteitag der USAP wird die Partei zur *Ungarischen Sozialistischen Partei (MSZP)* umbenannt.
16. Oktober	DDR	Leipziger Montagsdemo mit 120 000 Teilnehmern (Losung «Wir sind die Mehrheit! Wir sind das Volk!»).
17. Oktober	DDR	Sitzung des Politbüros der SED, Erich Honecker wird durch Egon Krenz abgelöst.
23. Oktober	Ungarn	Ausrufung der Republik Ungarn.
26. Oktober	Bulgarien	Während der Umweltkonferenz der KSZE in Sofia verbreiten Aktivisten der Ökoglasnost eine Petition über Umweltprobleme im Lande.
4. November	DDR	Größte freie Demonstration der DDR-Geschichte in Berlin mit ca. 500 000 Teilnehmern.
9. November	DDR	Erklärung von Günter Schabowski zur Maueröffnung.
10. November	Bulgarien	Todor Schiwkows Ablösung als Parteichef, sein Nachfolger ist Außenminister Petar Mladenow.
17. November	ČSSR	Demonstration zum Internationalen Studententag. Hartes Durchgreifen der Polizei.
17.–19. November	ČSSR	Gründung des tschechischen Bürgerforums, der slowakischen Öffentlichkeit gegen Gewalt sowie der Unabhängigen Initiative der ungarischen Minderheit. Streik der Theaterkünstler, Studenten und Schüler.
18. November	Bulgarien	Die erste große genehmigte Demonstration der Opposition in Sofia mit 150 000 Teilnehmern.

	DDR	Regierung Modrow, Versuch ökonomischer Reformen.
21. November	ČSSR	Beginn der Verhandlungen zwischen Bürgerrechtlern und der Regierung. Havel und Dubček sprechen auf dem Wenzelsplatz.
24. November	ČSSR	Auf dem Plenum des ZK der KPTsch tritt die gesamte Führung zurück.
27. November	UdSSR	Beschluss über die ökonomische Unabhängigkeit der baltischen Republiken.
28. November	DDR	Kohls Programm einer Konföderation der beiden deutschen Staaten.
29. November	ČSSR	Die mehrheitlich kommunistische Nationalversammlung streicht aus der Verfassung den Absatz über die führende Rolle der KP.
1. Dezember	DDR	Die Volkskammer streicht die führende Rolle der SED aus der Verfassung.
7. Dezember	ČSSR	Rücktritt Gustav Husáks vom Amt des Staatspräsidenten.
	Bulgarien	16 oppositionelle Gruppen gründen den *Bund Demokratischer Kräfte* (SDS).
9. Dezember	UdSSR	Das Plenum des ZK beschließt den allmählichen Übergang zur Marktökonomie.
11. Dezember	Bulgarien	Aus der Verfassung wird der Absatz über die führende Rolle der bulgarischen KP gestrichen.
16. Dezember	Rumänien	Temesvars Bürger versuchen, die von der kirchlichen Obrigkeit angeordnete Aussiedlung von László Tőkés aus der Parochie zu verhindern. Damit beginnt die Demonstration gegen die Diktatur.
17. Dezember	Rumänien	Bei einer Telefonkonferenz befiehlt Ceauşescu, auf die Demonstranten das Feuer zu eröffnen. In Temeswar wird am Spätnachmittag scharf geschossen; zahlreiche Tote und Verletzte.
18.–20. Dezember	Rumänien	Ceauşescu hält sich zu einem offiziellen Besuch im Iran auf. Nach seiner Rückkehr verkündet er in einer Fernsehrede den Ausnahmezustand im Kreis Temesch.
21. Dezember	Rumänien	Rede Ceauşescus vom Balkon der Bukarester Parteizentrale. Er wird ausgepfiffen, Armee und Securitate eröffnen das Feuer auf die Demonstranten. Blutbad auch in Klausenburg und Hermannstadt.

22. Dezember	Rumänien	Angeblicher Selbstmord des Verteidigungsministers Vasile Milea. Flucht des Diktatorenehepaars, «Telerevolution», Gründung der *Nationalen Rettungsfront* mit dem Funktionär Ilies Iliescu an der Spitze.
22.-25. Dezember	Rumänien	Anhaltende Kämpfe im ganzen Land ohne klaren militärischen Hintergrund.
25. Dezember	Rumänien	Hinrichtung des Ehepaars Ceaușescu nach einem 40-minütigen «Prozess».
28. Dezember	ČSSR	Aleksander Dubček wird Präsident des Parlaments.
29. Dezember	ČSSR	Václav Havel wird Präsident der Republik.
	Polen	Der Sejm gibt dem Staat den traditionellen Namen Republik Polen zurück.

1990

5. Januar	Rumänien	Streichung aller Dekrete und Gesetze der Ära Ceaușescu.
8. Januar	Rumänien	Dekret über die Streichung des Todesurteils.
15. Januar	DDR	Sturm der MfS-Zentrale durch Bürgerbewegungen.
16. Januar	Bulgarien	Verhandlungen zwischen Regierung und Opposition am Runden Tisch.
19. Januar	UdSSR	Blutbad in Baku, Militäreinheiten unterdrücken Demonstrationen für die aserbaidschanische Unabhängigkeit.
24. Januar	UdSSR	Interner Beschluss des Politbüros des ZK der KPdSU, dass die Sowjetunion der deutschen Wiedervereinigung zustimmt.
26. Januar	DDR	Auf der Sitzung des Politbüros der KPdSU in Moskau werden das Ende der DDR und die Wiedervereinigung Deutschlands inoffiziell zur Kenntnis genommen.
27. Januar	Polen	Der Parteitag der PVAP beschließt die Auflösung der Partei.
28. Januar	Rumänien	Verhandlungen am Runden Tisch.
25. Februar	Bulgarien	Oppositionelle Demonstration in Sofia mit 250 000 Teilnehmern.
11. März	UdSSR	Beschluss des Kongresses der Volksdeputierten über die Streichung der «führenden Rolle der KP» aus der sowjetischen Verfassung. Der Oberste Sowjet der Litauischen SSR erklärt «die Wiederherstellung der Unabhängigkeit» der Republik.

12.-15. März	UdSSR	Gorbatschow wird mit 59 % der Stimmen vom Kongress der Volksdeputierten zum Präsidenten gewählt.
15. März	Rumänien	Ausschreitungen zwischen Rumänen und Ungarn in Targu-Mures.
18. März	DDR	Erste freie Wahlen zur Volkskammer mit einem überwältigenden Sieg (48,2 %) für die von der CDU gesteuerte *Allianz für Deutschland*. Die SED/PDS erhält 16 %, die Bürgerbewegungen (*Bündnis 90*) 2,9 % der Stimmen.
25. März	Ungarn	Freie Parlamentswahlen.
1. Mai	UdSSR	Die Kundgebung zum Tag der Arbeit verwandelt sich in Protest gegen Gorbatschow, der daraufhin die Tribüne des Mausoleums verlässt.
20. Mai	Rumänien	Freie Parlaments- und Präsidentenwahlen: Die *Rettungsfront* erhält 67 %, Iliescu 85 % der Stimmen.
27. Mai	Polen	Freie Kommunalwahlen; *Solidarność* erhält 41 %, die Kommunisten 0,28 % der Stimmen bei einer Wahlbeteiligung von 42 %.
Juni	UdSSR	Russlands Kongress der Volksdeputierten erklärt die russische Souveränität.
8. Juni	ČSSR	Wahlen in Tschechien und der Slowakei.
10. Juni	Bulgarien	Bei freien Wahlen gewinnt die ehemalige KP, nunmehr als Sozialistische Partei, 47 % der Stimmen.
Juli	UdSSR	Gorbatschow wird zum letzten Mal zum KP-Chef gewählt. Verhandlungen mit Helmut Kohl über die deutsche Wiedervereinigung.
12. September	DDR	Unterzeichnung des Zwei-plus-Vier-Vertrags über die deutsche Einigung in Moskau.
Oktober	UdSSR	Gorbatschow erhält den Friedensnobelpreis.
3. Oktober	DDR	Die DDR tritt der Bundesrepublik Deutschland bei.

1991

12.–13. Januar	UdSSR	Spezialeinheiten der Sowjetarmee erstürmen die Fernsehzentrale in Wilna – 14 Todesopfer.
Februar	UdSSR	Auflösung des Warschauer Vertrags.
17. März	UdSSR	Referendum: 73 % der Beteiligten sind für die Beibehaltung der Sowjetunion in der Form einer Föderation.
Juni	UdSSR	Jelzin wird zum Präsidenten Russlands gewählt.
Juli	UdSSR	Gorbatschow in London bei der Konferenz der sieben führenden Industriestaaten.

		Abkommen von Nowo Ogarewo über die Vorbereitung eines neuen Bundesvertrags als Kompromiss zwischen Gorbatschow und Jelzin.
4. August	UdSSR	Gorbatschow beginnt seinen Urlaub auf der Krim.
19.-21. August	UdSSR	Putsch eines selbsternannten «Staatskomitees für Ausnahmezustand» unter der Führung von KGB-Chef Krjutschkow. Gorbatschow wird isoliert, nach dem Scheitern des Staatsstreichs infolge des Widerstands der Bevölkerung dennoch befreit.
24. August	UdSSR	Gorbatschow tritt als Generalsekretär der KPdSU zurück. Bis Ende des Monats erklären alle Sowjetrepubliken ihre Unabhängigkeit.
Oktober	UdSSR	Gorbatschow führt Verhandlungen mit acht Sowjetrepubliken, inklusive Russland, über ein Wirtschaftsabkommen.
8. Dezember	UdSSR	Die drei Republiken Russland, Ukraine und Weißrussland erklären nach Geheimverhandlungen die Auflösung der UdSSR und die Gründung einer Gemeinschaft Unabhängiger Staaten.
25. Dezember	UdSSR	Gorbatschow erklärt in einer Fernsehansprache seinen Rücktritt als Präsident der Sowjetunion.

1992

31. Dezember	ČSSR	Friedliche Trennung von Tschechien und der Slowakei.

Literaturhinweise

Altrichter, Helmut: Russland 1989, 2009

Ash, Timothy Garton: Ein Jahrhundert wird abgewählt. Aus den Zentren Mitteleuropas 1980–1990, 1990

Gabanyi, Anneli Ute: Die unvollendete Revolution, 1990

Jelzin, Boris: Aufzeichnungen eines Unbequemen, 1991

Kowalczuk, Ilko-Sascha; Fricke, Karl: Freiheit und Öffentlichkeit: Politischer Samisdat in der DDR 1985-1989, 2002

Mai, Klaus-Rüdiger: Michail Gorbatschow: Sein Leben und seine Bedeutung für Russlands Zukunft, 2005

Medwedew, Zhores: Der Generalsekretär Michael Gorbatschow: eine politische Biographie, 1989

Oplatka, Andreas: Der erste Riss in der Mauer: September 1989 - Ungarn öffnet die Grenze, 2009

Rakowski, Mieczyslaw F.: Es begann in Polen. Der Anfang vom Ende des Ostblocks, 1995

Ruge, Gerd: Michael Gorbatschow. Biographie, 1990

Schachnasarow, Georgi: Preis der Freiheit. Eine Bilanz von Gorbatschows Berater, 1996

Solowjow, Wladimir; Klepikowa, Elena: Der Präsident. Boris Jelzin. Eine politische Biographie, 1992

Stepankow, Valentin; Lisow, Jewgeni: Das Kreml-Komplott, 1992

Trojanow, Ilija: Die fingierte Revolution: Bulgarien, eine exemplarische Geschichte, 2006

Wagner, Richard: Der leere Himmel. Reise in das Innere des Balkan, 2003

Wolkogonow, Dimitri: Die Sieben Führer. Aufstieg und Untergang des Sowjetreichs, 2001

ABBILDUNGSNACHWEIS

GYÖRGY DALOS BEI C.H.BECK

György Dalos
DER VORHANG GEHT AUF
Das Ende der Diktaturen in Osteuropa
2010. 272 Seiten. Paperback
Beck'sche Reihe Band 1968

György Dalos
UNGARN IN DER NUSSSCHALE
Geschichte meines Landes
2005. 200 Seiten. Paperback
Beck'sche Reihe Band 1638

«Ungarn in der Nußschale ist ein knappes, aber hilfreiches Kompendium
zur ungarischen Anatomie. Ein Blitzkurs zum Werdegang eines
Landes mit Eigenschaften.»
Neue Zürcher Zeitung

György Dalos
GORBATSCHOW
Mensch und Macht
Eine Biografie
2011. 288 Seiten mit 12 Abbildungen im Text.
Gebunden

«Vielleicht wird man in Russland eines Tages, wenn die Wut über das Ende
des Imperiums verflogen ist, anerkennen, welch große zivilisatorische Leistung
Michail Gorbatschow vollbracht hat. György Dalos hat ihr mit seinem
wunderbaren Buch ein würdiges Denkmal gesetzt.»
Jörg Baberowski, Frankfurter Allgemeine Zeitung

György Dalos
1956
Der Aufstand in Ungarn
2006. 247 Seiten mit 17 Abbildungen. Gebunden

AUS DEM VERLAGSPROGRAMM

Helmut Altrichter
RUSSLAND 1989
Der Untergang des sowjetischen Imperiums
2009. 448 Seiten mit 9 Abbildungen. Gebunden

Ernst Otto Czempiel
KLUGE MACHT
Außenpolitik für das 21. Jahrhundert
1999. 274 Seiten. Leinen

Ralf Dahrendorf
Krupp-Vorlesungen zu Politik und Geschichte am Kulturwissenschaftlichen
Institut im Wissenschaftszentrum Nordrhein-Westfalen
AUF DER SUCHE NACH EINER NEUEN ORDNUNG
Vorlesungen zur Politik der Freiheit im 21. Jahrhundert
4. Auflage. 2007. 157 Seiten. Gebunden

Ralf Dahrendorf
DER WIEDERBEGINN DER GESCHICHTE
Vom Fall der Mauer zum Krieg im Irak
Reden und Aufsätze
2004. 350 Seiten. Leinen

Manfred Hildermeier
GESCHICHTE DER SOWJETUNION 1917–1991
Entstehung und Niedergang des ersten sozialistischen Staates
1998. 1206 Seiten. Leinen

Ilko-Sascha Kowalczuk
ENDSPIEL
Die Revolution von 1989 in der DDR
2., durchgesehene Auflage. 2009. 602 Seiten. Gebunden

Bernd Stöver
DER KALTE KRIEG 1947–1991
Geschichte eines radikalen Zeitalters
2. Auflage. 528 Seiten mit 40 Abbildungen und 6 Karten. Gebunden